交通运输行业高层次人才培养项目著作书系

中小跨径装配式组合梁桥一体化建造技术

李宗平 张永涛 夏 飞 编著
王 敏 李 剑

人民交通出版社股份有限公司
北 京

内 容 摘 要

本书主要围绕中小跨径装配式组合梁桥一体化建造技术，介绍了适宜中小跨径装配式组合梁桥的结构体系、工程设计、构件预制及一体化架设技术，包括π形组合梁桥、离心法预制空心墩、关键连接构造形式、装配式一体化架设技术装备、新型高性能连接材料等方面的关键技术和工程实践。

本书图文并茂，具有较强的理论指导和实用性，可作为从事该领域的科研、设计和施工的工程技术人员及相关专业学生的参考书。

图书在版编目（CIP）数据

中小跨径装配式组合梁桥一体化建造技术/李宗平等编著. — 北京：人民交通出版社股份有限公司，2023.2

ISBN 978-7-114-18327-0

Ⅰ.①中… Ⅱ.①李… Ⅲ.①跨径—组合体系桥 Ⅳ.①U448.21

中国版本图书馆 CIP 数据核字（2022）第 204831 号

Zhong-Xiao Kuajing Zhuangpeishi Zuheliang Qiao Yitihua Jianzao Jishu

书　　　名：	中小跨径装配式组合梁桥一体化建造技术
著　作　者：	李宗平　张永涛　夏　飞　王　敏　李　剑
责任编辑：	牛家鸣　侯蓓蓓
责任校对：	席少楠　刘　璇
责任印制：	张　凯
出版发行：	人民交通出版社股份有限公司
地　　　址：	(100011)北京市朝阳区安定门外外馆斜街 3 号
网　　　址：	http://www.ccpcl.com.cn
销售电话：	(010)59757973
总　经　销：	人民交通出版社股份有限公司发行部
经　　　销：	各地新华书店
印　　　刷：	北京市密东印刷有限公司
开　　　本：	787×1092　1/16
印　　　张：	12
字　　　数：	210 千
版　　　次：	2023 年 2 月　第 1 版
印　　　次：	2023 年 2 月　第 1 次印刷
书　　　号：	ISBN 978-7-114-18327-0
定　　　价：	90.00 元

(有印刷、装订质量问题的图书，由本公司负责调换)

交通运输行业
高层次人才培养项目著作书系

编审委员会

主　任：杨传堂

副主任：戴东昌　周海涛　徐　光　王金付
　　　　陈瑞生（常务）

委　员：李良生　李作敏　韩　敏　王先进
　　　　石宝林　关昌余　沙爱民　吴　澎
　　　　杨万枫　张劲泉　张喜刚　郑健龙
　　　　唐伯明　蒋树屏　潘新祥　魏庆朝
　　　　孙　海

书系前言
PREFACE OF SERIES

进入21世纪以来,党中央、国务院高度重视人才工作,提出人才资源是第一资源的战略思想,先后两次召开全国人才工作会议,围绕人才强国战略实施做出一系列重大决策部署。党的十八大着眼于全面建成小康社会的奋斗目标,提出要进一步深入实践人才强国战略,加快推动我国由人才大国迈向人才强国,将人才工作作为"全面提高党的建设科学化水平"八项任务之一。十八届三中全会强调指出,全面深化改革,需要有力的组织保证和人才支撑。要建立集聚人才体制机制,择天下英才而用之。这些都充分体现了党中央、国务院对人才工作的高度重视,为人才成长发展进一步营造出良好的政策和舆论环境,极大激发了人才干事创业的积极性。

国以才立,业以才兴。面对风云变幻的国际形势,综合国力竞争日趋激烈,我国在全面建成社会主义小康社会的历史进程中机遇和挑战并存,人才作为第一资源的特征和作用日益凸显。只有深入实施人才强国战略,确立国家人才竞争优势,充分发挥人才对国民经济和社会发展的重要支撑作用,才能在国际形势、国内条件深刻变化中赢得主动、赢得优势、赢得未来。

近年来,交通运输行业深入贯彻落实人才强交战略,围绕建设综合交通、智慧交通、绿色交通、平安交通的战略部署和中心任务,加大人才发展体制机制改革与政策创新力度,行业人才工作不断取得新进展,逐步形成了一支专业结构日趋合理、整体素质基本适应的人才队伍,为交通运输事业全面、协调、可持续发展提供了有力的人才保障与智力支持。

"交通青年科技英才"是交通运输行业优秀青年科技人才的代表群体,培养选拔"交通青年科技英才"是交通运输行业实施人才强交战略的"品牌工程"之一,1999年至今已培养选拔282人。他们活跃在科研、生产、教学一线,奋发有为、锐意进取,取得了突出业绩,创造了显著效益,形成了一系列较高水平的科研成果。为加大行业高层次人才培养力度,"十二五"期间,交通运输部设立人才培养专项经费,重点资助包含"交通青年科技英才"在内的高层次人才。

人民交通出版社以服务交通运输行业改革创新、促进交通科技成果推广应用、支持交通行业高端人才发展为目的,配合人才强交战略设立"交通运输行业高层次人才培养项目著作书系"(以下简称"著作书系")。该书系面向包括"交通青年科技英才"在内的交通运输行业高层次人才,旨在为行业人才培养搭建一个学术交流、成果展示和技术积累的平台,是推动加强交通运输人才队伍建设的重要载体,在推动科技创新、技术交流、加强高层次人才培养力度等方面均将起到积极作用。凡在"交通青年科技英才培养项目"和"交通运输部新世纪十百千人才培养项目"申请中获得资助的出版项目,均可列入"著作书系"。对于虽然未列入培养项目,但同样能代表行业水平的著作,经申请、评审后,也可酌情纳入"著作书系"。

高层次人才是创新驱动的核心要素,创新驱动是推动科学发展的不懈动力。希望"著作书系"能够充分发挥服务行业、服务社会、服务国家的积极作用,助力科技创新步伐,促进行业高层次人才特别是中青年人才健康快速成长,为建设综合交通、智慧交通、绿色交通、平安交通做出不懈努力和突出贡献。

交通运输行业高层次人才培养项目
著作书系编审委员会
2014 年 3 月

序
PREFACE

20世纪80年代前后,美国率先启动了桥梁快速施工计划(Accelerated Bridge Construction),通过在工厂预制相关构件,然后运输到现场进行拼装施工,极大地提高了桥梁建设速度,随后该施工方法逐渐在全世界普及,并逐步向全预制拼装和一体化快速建造方向发展。

21世纪以来,我国桥梁进入了快速发展时期,随着建设理念的不断提升,我国桥梁施工技术因地制宜,探索创新,取得了长足的进步。其中,预制装配式桥梁凭借施工质量好、现场作业时间短、环境影响小等优势,已成为中国桥梁建设的重要发展方向。基于工业化生产理念,装配式组合梁桥一体化建造技术结合选取合理的上下部结构体系,具有设计标准化、产品模数化、预制工厂化、现场装配化等特点,是工业化技术与传统建筑行业不断融合的成果,在施工质量、工效、环保等方面具有较大优势,尤其对于中小跨径桥梁极具竞争力。

本书作者长期从事装配式桥梁设计施工技术研究和应用工作,在桥梁装配化建造领域取得了丰富的成果。书中分别从π形装配式组合梁桥、离心法预制空心墩、关键连接构造形式、装配式一体化架设装备、新型高性能连接材料等方面,全面介绍了适用于中小跨径桥梁的装配式组合梁桥一体化建造技术,内容丰富、成果新颖、资料翔实,是作者对装配式桥梁建造技术不断学习和实践的结晶。希望本书的出版能够为从事桥梁设计、施工、咨询等工作的人员提供有益参考,助力我国公路桥梁建造技术不断取得新的进步。

中国工程院院士、全国工程设计大师

作者简介
AUTHOR INTRODUCTION

李宗平，男，1971年生，工程硕士，现任中国交通建设集团有限公司副总工程师兼科学技术与数字化部执行总经理，国家科学技术奖励专家委员会专家，中国公路学会隧道专业专家委员会委员，享受国务院政府特殊津贴，入选交通运输行业高层次技术人才项目资助计划。获交通运输部"交通青年科技英才"称号、上海市五一劳动奖章、中交集团十大杰出青年、中交集团科技创新突出贡献等荣誉称号。

从事桥隧施工建设相关工作26年，在桥梁装配化智能建造、大跨径悬索桥智能关键设备研发、隧道安全智能监测预警等领域具有丰富的实践经验，主持和参与多项特大型桥梁、隧道工程关键技术研究，牵头组建了中国交建长大隧道装备与掘进技术研究中心，开展隧道及地下空间工程数字化施工技术研究，编写施工技术指南2部、发表论文20余篇，取得12项发明专利和20多项实用新型专利；主持完成了∞字形地连墙深基础设计及施工技术、移动式施工平台辅助墩身施工技术、大跨径三跨连续悬索桥上构关键设备研究、中小跨径装配化桥梁关键技术等多项技术研究。研究成果广泛应用于悬索桥和装配式桥梁等工程实践，为保障桥梁施工安全提供了重要的理论依据和技术支持。

前 言
FOREWORD

21世纪以来,我国公路交通建设规模持续扩大,桥梁工程在公路、市政建设中的占比和规模越来越大,而随着桥梁工业化水平的不断提升,快速化建造成为长大线路桥梁工程建造的主要趋势。装配式组合梁桥一体化建造以设计标准化、产品模数化、预制工厂化、现场装配化为特征,在桥梁施工过程中对交通延误和环境影响较小,是工业化技术与传统建筑行业不断融合的成果。采用装配式组合梁桥一体化建造技术在低碳、环保、社会及环境影响、快速施工等方面具有较大的优势,将是中小跨径桥梁建设的主要结构形式之一。

本书着重围绕中小跨径装配式组合梁桥的构件轻型化、连接快速化、上下构安装一体化的系统化绿色建造技术研究和实践,依托中交集团2017年科研课题"中小跨径桥梁装配化设计与施工关键技术研究"和湖北省某高速公路4座共十几公里的中小跨径桥梁的设计项目、深圳盐港东立交工程项目,结合作者实际经验,对中小跨径装配式一体化建造技术进行系统介绍。

全书共7章。第1章为绪论,主要介绍了装配式桥梁国内外技术、应用现状及关键建造技术。第2章为中小跨径装配式组合梁桥结构体系及建造工艺,讲述了符合构件轻型化、连接快速化、安装一体化的装配式组合梁桥的结构体系和施工工艺。第3章为上部结构设计与关键构造,主要讲述上部结构体系、结构形式、参数选择、连接部件等设计及构造,以及工程具体应用。第4章为桥墩设计与关键构造,主要讲述轻型装配式桥墩连接设计、模型试验及工程应用。第5章为装配式组合梁桥一体化架设技术及实践,主要讲述构件预制与组装、一体化工艺、一体化装备与工程应用。第6章为关键连接材料的研究与应用,主要讲述高性能灌浆材料研究与工程应用、早强高韧性超高性能混凝土(UHPC)连接材料的研究与工程应用。第7章为总结与展望,主要讲述装配式组合梁桥一体化的建造优势和不足,以及材料、结构、连接形式、装备和预制安装数字化的发展趋势。

  本书在编写过程中,得到中交第二航务工程局有限公司、中交第二公路勘察设计研究院有限公司的相关领导和同事的大力支持和帮助,在此表示感谢。本书的出版得到交通运输部高层次人才培养项目的资助。鉴于我们研究的中小跨径装配式梁桥一体化建造技术整体理念分设计和施工在两个项目进行工程验证,尚未将设计、施工、装备一体化在同一个项目验证,加之作者学识、水平的局限性,书中不当之处在所难免,恳请读者批评指正。

编者

2022 年 6 月

目 录
CONTENTS

第1章 绪论

    1.1 装配式桥梁国内外技术与应用现状 …………………………… 003

    1.2 新阶段装配式桥梁建造关键技术 ………………………………… 025

第2章 中小跨径装配式组合梁桥结构体系及建造工艺

    2.1 装配式组合梁桥结构体系 ………………………………………… 030

    2.2 适宜的下部结构体系 ……………………………………………… 032

    2.3 装配式组合梁桥安装工艺 ………………………………………… 038

第3章 上部结构设计与关键构造

    3.1 结构设计原则及要点 ……………………………………………… 042

    3.2 关键参数及典型断面 ……………………………………………… 049

    3.3 连接部设计及构造 ………………………………………………… 055

    3.4 工程应用 …………………………………………………………… 071

第 4 章　桥墩设计与关键构造

4.1　设计原则及要点 ·· 080
4.2　轻型装配式桥墩连接设计 ·· 082
4.3　工程应用 ·· 094

第 5 章　装配式组合梁桥一体化架设技术及实践

5.1　构件预制与组装 ·· 104
5.2　一体化架设工艺 ·· 123
5.3　工程应用 ·· 133

第 6 章　关键连接材料的研究与应用

6.1　高性能灌浆料 ··· 144
6.2　早强高韧性 UHPC 连接材料 ··· 155

第 7 章　总结与展望

7.1　总结 ·· 172
7.2　发展展望 ·· 173

参考文献

第 1 章
CHAPTER 1

绪论

桥是架在水上或空中便于通行的建筑物，《说文解字》段玉裁的注释为："梁之字，用木跨水，今之桥也。"说明桥最初的含义是指木架于水面上的通道，以后引申为架于悬崖上的"栈道"和架于楼阁间的"飞阁"等天桥形式。桥梁是线路的重要组成部分，历史上每当运输工具发生重大变化，对桥梁载重和跨径等方面就会提出新的要求，便推动了桥梁工程技术的发展。根据历史记载，中国在汉朝就已经出现梁桥、浮桥、索桥、拱桥四大桥型，随着桥梁理论、材料、装备以及经济的发展，桥梁的设计、施工均得到了较大发展，尤其是改革开放以后，中国桥梁以前所未有的速度发展，目前桥梁建设体量已超过任何一个国家，中国已发展成为桥梁大国并正进入桥梁强国阶段。据统计，在庞大桥梁体量中，中小跨径桥梁里程数量占比超90%，因此，研究中小跨径桥梁建造技术是解决城镇化和城市群交通发展的关键。

新中国成立后我国中小跨径桥梁发展可分为三大阶段。早期阶段（1960—1990年）：结构形式以支架现浇梁板式结构为主，以预制安装T梁、空心板梁为辅，经济技术发展缓慢，装备主要有汽车式起重机、履带式起重机等中小型吊装设备，混凝土垂直运输以吊斗吊运为主，较为传统，桥梁规模较小且形式单一，以经济实用为主，景观要求不高。中期阶段（1991—2010年）：结构形式以移动模架、支架现浇和预制安装纵向分块的空心板、箱梁等为主；装配式墩柱、盖梁、纵向节段预制拼装箱梁、装配式钢混组合梁结构逐渐开始应用；经济技术发展较快，城市中出现大量通过桥梁建设环线和快速路的代表性工程；出现了移动模架、大型起重机、拖泵、泵车、架桥机等先进设备，出现了大量大规模系统性工程，为标准化、工厂化和装配化创造了应用条件。新阶段（2011年至今）：装配式桥墩、盖梁、混凝土节段梁、装配式组合梁等全装配式桥梁开始大规模推广。

2015年，国务院发布了《中国制造2025》，"绿色发展"成为我国基本发展方针之一；2019年，国务院印发了《交通强国建设纲要》（以下简称《纲要》），《纲要》进一步提出了"绿色发展节约集约、低碳环保"的发展理念。2020年9月22日，中国国家主席习近平在第七十五届联合国大会一般性辩论上发表重要讲话强调："中国将提高国家自主贡献力度，采取更加有力的政策和措施，二氧化碳排放力争于2030年前达到峰值，努力争取2060年前实现碳中和。"《纲要》的发布和"双碳"战略的提出，将"绿色发展、低碳环保"的理念提升到了国家战略的高度。随着"高质量发展"成为"十四五"乃至更长时期我国经济社会发展的主题，国家对工程建设在"高效、优质、安全、环保"方面的要求也越来越高,因此,集成标准化设计、工业化生产的装配式桥梁将成为桥梁工程未来发展的主要方向。

1.1 装配式桥梁国内外技术与应用现状

1.1.1 装配式钢混组合结构桥梁

1)应用现状概述

自20世纪70年代以来,以法国为代表的西方发达国家就开始广泛采用组合结构桥型,并尝试采用预制桥面板(图1.1),目前法国跨径在40~100m范围内的公路桥梁中,85%都是组合结构桥梁。为应对大规模桥梁维修问题,美国于20世纪80年代率先启动了桥梁快速施工计划(Accelerated Bridge Construction,ABC),利用工厂化制造主梁和桥面板,采用集束式剪力钉连接、现场快速拼装技术,大大提高了组合结构桥梁建设速度。日本组合结构桥梁于20世纪90年代得到了快速发展,结构形式从组合钢板梁发展为组合钢箱梁、组合钢桁梁、钢腹板组合箱梁等多种形式,装配化程度也越来越高。近年来,随着我国交通建设规模持续扩大、桥梁工业化不断提升,装配式组合结构桥梁也得到快速发展,如港珠澳大桥、上海长江大桥等均采用了装配式组合结构桥梁。

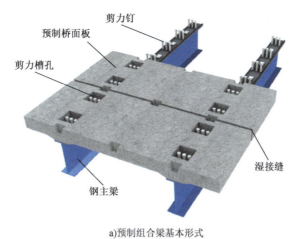

a)预制组合梁基本形式

图 1.1

b)组合钢板梁

c)组合钢箱梁

d)组合钢桁梁

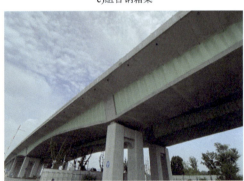
e)波形钢腹板组合梁

f)整体预制组合梁

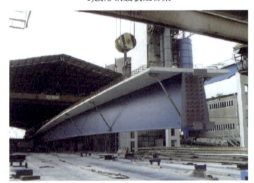
g)叠合桥面板组合梁

图1.1 典型装配式钢混组合结构桥梁

2）结构体系及施工技术

目前装配式钢混组合结构桥梁主要包括钢梁-预制桥面板结构（钢梁包括钢板梁、钢桁梁、钢槽形梁和钢箱梁等）、钢腹板组合箱梁（包括波形钢腹板、钢桁腹板等）等多种结构体系。组合钢板梁、组合钢箱梁的施工，经过长期发展，普遍采用先钢梁后桥面板的施工方法，钢梁施工常用吊装或顶推法，桥面板施工以钢梁为平台，进行现浇或预制板铺设。此外，在外海组合结构桥梁施工中，还采用"整跨制造、整跨架设"的施工方法，从而尽量减少恶劣环境下的现场作业。

　　钢板组合结构桥梁起源于法国,后来在美国得到广泛应用。1991年,美国康涅狄格州首次选用全厚式预制桥面板来替换一座组合梁桥的桥面板,该桥为6跨、长21.3m的组合连续梁桥,桥面宽8.4m,预制桥面板厚度为20cm;2007年,美国威斯康星州L-90公路上的门户河桥(Door Creek Bridge,图1.2)采用预制桥面板钢板组合梁结构,桥梁长25.3m,桥面宽12.24m,横向布置5片工字钢梁,预制桥面板厚度为22.2cm,并采用集束式栓钉剪力件,接缝与槽孔后浇材料内掺环氧树脂,该工程成为快速施工桥梁的典型范例。英国A34公路高架桥(图1.3),其组合钢板梁桥采用耐候钢,钢梁分段吊装施工,钢横梁与纵梁采用栓接,极大方便了运输与吊装作业。

图1.2　美国门户河桥

图1.3　英国A34公路高架桥

　　组合钢箱梁(图1.4)方面,德国自20世纪80年代以来,先后修建了多座大跨径公路、铁路组合箱梁桥,如海得明登跨越维拉河谷的公路新桥与铁路桥以及A94公路桥等。除了德国以外,法国、西班牙、瑞士等国也分别建造了许多各具特色的连续组合箱梁桥。与此同时,日本对该类型桥梁进行了研究,并形成以窄箱梁及开口断面箱梁为代表的两种主要结构形式。近年来,我国组合箱梁桥建设也得以大步发展。一方面,针对钢混组合结构连续梁桥,形成了旨在提高负弯矩区域桥面板使用性能的相关技术,包括桥面板滞后结合、支点顶升法(图1.5)、跨中压重、体外预应力张拉等;另一方面,针对外海桥梁施工环境差、安全风险大的特点，形成了整跨预制吊装的技术，解决了大吨位主梁场内转运及长距离运输、场内钢混结合、桥位处体系转换、精确定位等系列问题，研发了大吨位吊具、运架一体化浮式起重机等装备，并已成功运用于上海长江大桥、港珠澳大桥等桥梁建设中。

a)日本千岁组合箱梁高架桥

b)兰州七里河跨线桥

c)整跨吊装的港珠澳大桥

图1.4　典型组合钢箱梁桥

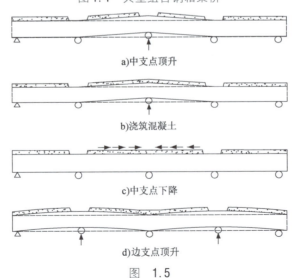

a)中支点顶升

b)浇筑混凝土

c)中支点下降

d)边支点顶升

图　1.5

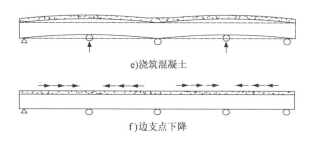

e) 浇筑混凝土

f) 边支点下降

图 1.5 组合梁支点顶升法施工步骤

钢腹板组合梁桥(包括钢桁腹板和波形钢腹板等)起源于法国,并在日本得到了广泛应用(图 1.6)。1986 年法国首次设计建成了康纳克桥(Connac Bridge),该桥为 31m + 43m + 31m 的三跨连续波折钢腹板组合梁桥。随后,法国于 1987 年、1989 年、1995 年先后建成了沙罗勒桥(Maupre Bridge)、普拉伊桥(Asterix Bridge)、街道桥(Park Bridge)、多尔桥(Dole Bridge)。1997 年建成的法国布洛涅高架桥(Boulonnais Viaduct,图 1.7)为钢桁腹组合梁形式,该桥用钢管斜腹杆形成的空间桁架替代混凝土腹板,并采用节段预制拼装技术进行施工,技术上极具特色。1993 年日本将这一技术引进,并加以推广和研发,先后建成单跨简支的新开桥和 5 跨连续的银山御幸桥。新开桥(桥长 31m、桥宽 14.8m)则采用场地预制、桥位吊装工艺,该工艺随后广泛应用于小跨径桥梁(小箱梁或 T 梁)建设中(我国首座公路波形钢腹板桥——光山泼河桥也采用此种装配法施工)。

图 1.6 波形钢腹板组合梁桥装配化施工

随着组合结构的发展,组合梁中的钢结构部分截面形式日渐多样化。譬如巧妙地使用钢管、波形钢板、体外索和混凝土组合来提高构件截面性能,充分考虑两种材料的组合作用,积极采用厚钢板等来减少加劲肋、横撑等次要承重构件,以追求体系的简化等。2001 年建成的意大利撒丁岛高架桥[Sardinia Viaduct,图 1.8a)]是一座全新类型组合结构桥梁,其钢结构部分由中心实腹梁和两侧斜腹杆组成,这种结构形式具有材料使用率高、便于工厂化预制等优点,适用于城市高架桥建设。撒丁岛高架桥全长2km,标准跨径为40m,桥面宽度12.6m,梁高2.46m,采用吊装钢结构主梁、铺装桥面板施工工艺。瑞士卢利高架桥[Lully Viaduct,图1.8b)]是一座钢管桁架组合桥,钢管桁架易于取材,加工制造与运输也十分方便,钢管还可作为支架,以便桥面板施工。

图1.7 法国布洛涅高架桥

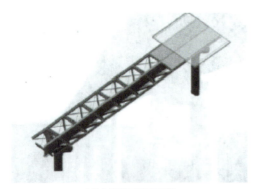

a)意大利撒丁岛高架桥　　　　　　　　　　b)瑞士卢利高架桥

图1.8 国外新型装配式组合结构桥梁

3)桥面板结构及钢混结合技术

装配式钢混组合桥面板结构(图1.9)是在钢梁或面板上铺设预制混凝土桥面板,然后通过现浇或者现浇部分混凝土,与钢桥面形成组合桥面结构。采用装配式预制桥面板桥梁始于20世纪50年代,欧美国家对这种结构进行了系列研究,尤其是桥面板间的接缝形式。一般的桥面板连接形式包括湿接缝和干接缝,桥面板湿接缝即在连接处预留槽口(接缝),后在槽口(接缝)处灌注混凝土;桥面板干接缝即桥面板在连接处结合面直接贴合,拼接时需灌注少量砂浆。在法国,预制桥面板接缝处钢筋需现场放置,主梁与预制桥面板之间的组合作用通过现浇预制桥面板中的预留孔来实现。除此之外,国外近年来还发展了叠合桥面板,即将桥面板分为两层,下层预制板或钢板较薄,以便安装并兼作上层模板,上层现浇后形成整体桥面板。实践表明,该种桥面板具有很高的可行性。

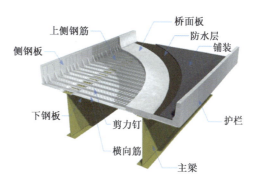

a)混凝土桥面板　　　　　　　　　　b)叠合桥面板

c)德国伍珀尔河谷桥(Wupper River Valley Bridge)双层桥面板施工工艺

d)架桥机安装桥面板(安徽北沿江高速公路裕溪河大桥)

图1.9　装配式钢混组合梁混凝土桥面板及其施工

桥面板与钢梁组合是实现高效装配化施工的关键。目前,国内外钢混组合施工通常采用后浇剪力钉预留孔和后浇分块桥面板间湿接缝的方式,然而这两种组合方式都存在局限性,浇筑面分散且体量小,现浇混凝土质量难以控制。为了实现快速施工,国内外专家学者在优化钢混结合方式及连接件方面开展了大量的研究应用尝试。例如,罗马尼亚工程师研发的带槽口开孔板连接件有利于桥面板的快速结合,瑞士工程师研发的新型注浆连接件实现了钢混组合梁全装配化,现场再无须混凝土浇筑。重庆交通大学周志祥提出了预制装配式组合剪力钉(图1.10),剪力钉焊接在竖直放置的钢板上,两侧竖放的钢板作为预制桥面板的一部分模板,待预制桥面板达到设计龄期后,通过竖向钢板直接焊接在钢梁的上翼缘上,实现装配化施工。

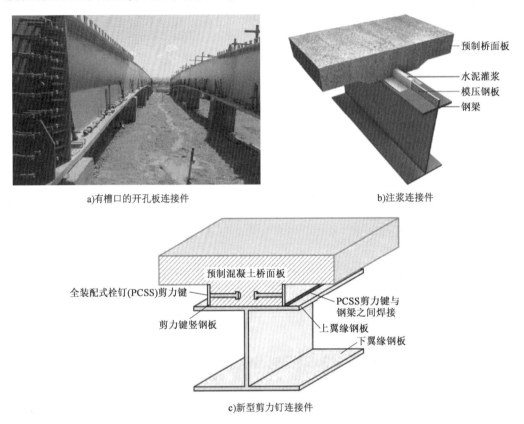

图1.10 适用于装配化的新型连接件形式

4)装配式组合梁桥与其他技术的结合应用

组合结构中负弯矩区域使用性能差及钢材防锈蚀等是必须解决的问题,随着装配式组合结构桥梁在我国的快速发展,与超高性能混凝土(UHPC)等新技术结合的研究和应用也蓬勃发展。UHPC 强度和弹性模量高,与钢结构组合协同受力的能力较强,作为组合结构桥梁的桥面板,可有效解决负弯矩区域易开裂等问题。目前,世界范围内已超过100座桥梁采用了UHPC 材料。此外,日本组合结构桥梁大量采用耐候钢,有效节省了钢结构后期的维护费用,韩国和美国还开发了纤维增强复合材料(FRP)桥面板,进一步简化了现场连接工艺(图1.11)。

a)美国将UHPC用于装配式组合梁钢混接合部位

b)正在安装的FRP桥面板

图1.11　新材料在装配式组合梁桥中的应用

1.1.2　装配式预应力混凝土结构桥梁

目前,在我国公路及城市桥梁中,20~50m中小跨径桥梁数量占到90%以上,上部结构基本采用预制装配式结构,其形式简单、受力明确、施工方便、工业化程度较高。装配式预应力混凝土梁桥的常见类型有预应力混凝土空心板梁(简称空心板梁)、预应力混凝土T梁(简称T梁)、预应力混凝土小箱梁(简称小箱梁)和节段预制箱梁,如图1.12所示。对于空心板梁、T梁及小箱梁,国内应用较为成熟,在此不再论述。

节段预制箱梁是将整孔桥梁沿纵向分段,每段在预制场进行匹配预制,在现场运用架桥机等专用拼装设备在桥梁下部结构之上,按次序逐块悬臂或整跨组拼,节段间采用专用胶干拼或浇筑混凝土湿拼,同时施加预应力,使之成为整体结构,并沿既定的方向逐跨拼装的一种桥梁建造技术。1946年,法国工程师弗奈西奈(Freyssinet)设计了世界上第一座节段预制拼装桥梁——法国马恩河上的吕章西大桥[Luzancy Bridge,图1.13a)]。

该桥上部结构为跨径54m的拱桥,主梁沿纵向划分为3个节段,节段间采用湿接缝连接,然后通过后张12束直径5mm钢束使各个节段形成整体,且该桥设置有横向、竖向预应力束。随后,弗奈西奈的学生金·米勒(Jean Muller)相继主持设计了谢尔顿桥(Shelton Bridge)(美国,1954年)、克雷泰伊桥[Choisy-le-Roi Bridge,图1.13b)](法国,1962年)、奥莱隆大桥[Oleron Viaduct,图1.13c)](法国,1964年)、贝尼特桥[Benite Bridge,图1.13d)](法国,1965年),将节段预制拼装技术推广至全世界。2000年,泰国曼谷建成了世界上最长及最大预制作业的曼纳高速公路桥[Bang Na Expressway,图1.13e)],该桥上部结构为连续箱形结构,运用了短线匹配预制、节段拼装、干接缝和体外预应力技术。随后,泰国、日本和澳大利亚的许多交通项目中也采用了节段预制拼装技术。

a)预应力混凝土空心板梁

b)预应力混凝土T梁

c)预应力混凝土小箱梁

d)节段预制箱梁

图1.12 典型装配式预应力混凝土结构

我国节段预制拼装桥梁技术的起步相对较晚。2000年以后,我国在一些大桥的引桥部分建设中,也逐渐开始采用节段预制拼装技术。2008年建成通车的苏通长江大桥的深水区引桥(图1.14),采用了75m跨节段预制悬臂拼装施工混凝土箱梁桥;上海崇明长江大桥非通航孔桥和南京长江四桥的南、北引桥也采用了节段预制拼装大型连续箱梁。芜湖长江二桥引桥采用跨径30m、40m、50m、55m的轻型薄壁全体外预应力节段拼装连续箱梁。总体来说,节段预制拼装技术在我国中、大跨径的箱梁桥领域应用已十分广泛(图1.15)。

a)法国吕章西大桥

b)法国克雷泰伊桥

c)法国奥莱隆大桥

d)法国贝尼特桥

e)泰国曼谷曼纳高速公路桥

图1.13 国外典型节段预制拼装桥梁

节段梁在预制场通常采用短线法预制,其线形按照系统控制理论进行各阶段控制。节段预制拼装桥梁的主要施工方法为逐跨拼装和对称悬拼,如图1.16所示,逐跨拼装施工主要适用于30～50m的简支梁或多跨连续梁桥,对称悬拼适用于50～70m的连续梁桥或连续刚构桥。

图 1.14 苏通长江大桥深水区引桥

a)芜湖长江二桥

b)港珠澳大桥悬臂拼装

c)上海崇明长江大桥

d)南京长江四桥整孔拼装

图 1.15 节段预制拼装混凝土箱梁

我国承建的节段预制混凝土箱梁桥见表 1.1。

我国承建的节段预制混凝土箱梁桥统计表　　　　表 1.1

序号	项　　目	建成时间	主跨(m)	结构及工艺特点
1	苏通长江大桥深水区引桥	2008 年	70	采用架桥机悬臂拼装
2	集美大桥	2008 年	100	在跨中设置临时墩,采用架桥机悬臂拼装

续上表

序号	项　　目	建成时间	主跨(m)	结构及工艺特点
3	芜湖长江二桥	2017年	40	全体外束体系
4	秀山大桥副通航孔桥	2019年	153	墩顶块采用预制底座+部分现浇工艺,标准段采用架桥机悬臂拼装
5	港珠澳大桥	2018年	180	采用架桥机悬臂拼装
6	文莱大摩拉岛(PMB)大桥	2019年	60	23.6m超大单箱单室主梁、550m曲率半径、8%超大横坡
7	南京江心洲长江大桥	2019年	50	节段梁采用先简支后连续工艺,工效达5d/跨
8	瓯江北口大桥引桥	2022年	50	双层公路节段梁
9	舟岱大桥	2021年	260	跨中设置80m钢箱梁,预制墩顶块高度12.75m,桥面板吊机悬臂拼装

a)崇启大桥整孔拼装

b)鱼山大桥拼装

c)逐跨拼装施工

d)悬臂拼装施工

图1.16　节段预制梁拼装施工

1.1.3 下部结构预制及拼装

1）预制墩身

自19世纪60年代起,混凝土装配式桥墩就被欧美等国应用于桥梁的建设之中。这种建桥方式主要适用于一些施工周期短或环境复杂的城市高架桥和跨海大桥。

水上桥梁下部结构的预制拼装发展较早,1955年,世界上第一座混凝土装配式桥墩在美国新奥尔良州开始建设,历时18个月,工期远小于采用传统方式施工。该技术在欧洲和日本得到发展。于1993年动工的加拿大联邦大桥,全长12.9km,采用了大规模预制构件施工,大桥基础及桥墩均采用预制构件,如图1.17所示。

图1.17 加拿大联邦大桥预制桥墩

陆上桥梁下部结构的预制拼装发展较晚,其难点在于接缝的抗震性能。1978年美国北卡罗来纳州建造的莱因海湾高架桥(Linn Cove Viaduct)为第一座采用预制拼装桥墩技术建造的桥梁,该桥下部桥墩预制节段采用有黏结后张预应力筋连接,环氧接缝构造,通过预制拼装技术顺利解决了环境制约与工程进度等问题,成为预制拼装技术应用的一个典型工程范例。随后,在美国、加拿大一些地震烈度低的地区,预制拼装桥墩技术应用逐渐增多,例如位于美国科罗拉多州的滑道桥(Vail Pass Bridge),其下部桥墩就采用了有黏结后张预应力筋连接,如图1.18所示。随着人们对预制拼装立柱抗震性能的进一步研究,立柱的预制拼装技术开始在一些地震烈度高的地区应用。2011年建成的美国大山至梅镇桥(L-5 Grand Mount to Maytown)是第一座考虑抗震性能的采用预制拼装技术建造下部桥墩的桥梁工程。

图 1.18　美国滑道桥预制拼装桥墩

我国的装配式桥墩起步较晚,但近年来装配式桥墩的研究和使用比较广泛,与国外的发展过程基本相似,装配式桥墩主要应用于跨海大桥和城市高架桥。竣工于 1993 年 12 月,连接澳门半岛和氹仔的新奥氹大桥是我国第一次采用预制承台和预制桥墩的桥梁。目前国内跨海大桥桥墩多采用钢筋混凝土结构,受起吊能力的限制,只有在深水环境下,起重船可以作业的条件下,才能采用大节段制造安装的工艺。

2002 年,东海大桥在非通航桥施工中采用了墩身预制、运输和海上吊装的设计施工技术,桥墩分为两节预制,节段间采用湿接缝,张拉竖向预应力筋连接。在随后的杭州湾跨海大桥(图 1.19)、东海大桥(图 1.20)舟山金塘大桥、上海长江大桥深水区等跨海桥梁非通航孔桥的墩身施工中均采用了预制墩身现场安装的施工方法,但现场湿接缝连接仍十分不便。港珠澳大桥工程(图 1.21)基于环保、通航等方面的要求,承台和墩身均采用预制结构,且承台埋入海床以下,同时墩身节段间采用以预应力粗钢筋进行连接的干接缝工艺。这种工艺的推广应用,标志着我国预制墩台技术已基本成熟。

图 1.19　杭州湾跨海大桥预制桥墩　　图 1.20　东海大桥墩柱—承台连接施工

近年来,预制拼装技术在城市高架桥中也开始逐步推广应用。例如上海的 S6 沪翔高速公路、嘉闵高架北二期、国定路下匝道、S7 公路(图 1.22)、S3 公路先期实施段、S26 等基本采用了盖梁桥墩预制拼装技术。

图 1.21　港珠澳大桥墩柱施工

图 1.22　上海 S7 公路预制拼装

2）预制盖梁

盖梁从其结构尺寸、构件重量以及工程体量来说非常适合进行工厂化预制。预制盖梁可避免或减少高空作业，降低施工风险，提高施工安全性。盖梁的预制最有利于节省时间，加快施工进度。但由于盖梁的体量较大，对于城市桥梁，双向六车道盖梁的自重接近 250t，基本达到了常规运输吊装设备的极限。为了解决盖梁运输和吊装的问题，通常有两种方案：一种是将实心的盖梁截面改成空心、倒 T 形、倒 U 形或梯形截面，从而减轻盖梁自重；另一种是将盖梁划分成若干节段，再吊装至现场完成拼接，如图 1.23 所示。

图 1.23　预制盖梁施工

3）预制承台

目前承台的装配化主要分为整体预制、预制外壳+现浇填芯两种工艺。由于整体预制承台体量大,通常适用于运输、吊装方便的跨海桥梁,如港珠澳大桥、厦门东二通道、留尼旺新沿海高架桥等项目均采用了整体预制承台,如图 1.24 所示。

a)港珠澳大桥　　　　　　　　　　　　b)留尼旺新沿海高架桥

图 1.24　整体预制承台

为降低预制承台的重量,方便运输及安装,新纽约大桥(New Tappan Zee Bridge)采用了预制外壳承台+现浇填芯工艺,如图 1.25 所示。新纽约大桥位于美国纽约,是跨越哈德逊河的一座桥梁,其主桥为斜拉桥,引桥为装配式钢板组合梁桥。为实现快速装配化,引桥大量采用了预制构件:预制组合梁桥面板、预制盖梁、预制承台,且桩基为钢管桩。该项目共采用了60个预制承台外壳,预制外壳最大质量为460t。

a)预制承台外壳钢筋笼

b)预制外壳场内运输

图1.25 新纽约大桥预制承台外壳

萨拉·米尔德里德·朗大桥(Sarah Mildred Long Bridge)是美国一座连接缅因州和新罕布什尔州的公轨两用桥。该项目采用的预制承台在预制场分节段预制运输至现场,所有节段安装完成后,外壳节段间采用预应力束的方式连接成整体,然后以外壳为模板浇筑承台内部混凝土,如图1.26所示。

a)预制承台外壳吊装

b)预制外壳下放

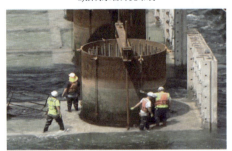
c)外壳安装完成

d)外壳下放到位

图1.26 萨拉·米尔德里德·朗大桥预制承台外壳安装

4）预制拼装与连接

目前国内外立柱的预制拼装连接技术大致有以下几种：后张预应力筋连接、灌浆套筒连接、灌浆金属波纹管连接、插槽式连接、承插式连接、现浇湿接缝连接、UHPC 连接等。通常这些连接构造主要考虑 3 个方面的要求：①尽可能地减少现场施工的作业量；②保证预制立柱在压力和弯曲作用下的静力性能和抗震性能；③维持运营条件下的使用功能和耐久性等。实际工程中应根据现场条件综合选用。

（1）后张预应力筋连接

后张预应力筋连接是将墩柱划分成若干节段，每个节段中预留孔道，运输到现场后一段段吊装接高，采用竖向张拉预应力筋将所有墩柱连接起来，墩柱节段之间采用砂浆垫层或环氧胶接缝连接，普通钢筋在接缝位置处断开。预应力筋可采用钢绞线或精轧螺纹钢等高强钢筋，根据预应力筋与混凝土的黏结不同，可分为有黏结和无黏结两种后张预应力体系，如图 1.27 所示，为了方便施工定位，节段之间通常设置剪力键。

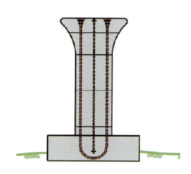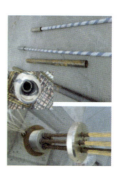

图 1.27　后张预应力筋连接构造

（2）灌浆套筒连接

预制墩身与承台、盖梁或相邻墩身节段通过灌浆套筒连接伸出的钢筋，在墩身与盖梁、承台之间的接触面铺设砂浆垫层，墩身相邻节段之间采用环氧胶接缝的连接构造。套筒内通过高强无收缩水泥灌浆料填充在钢筋与连接套筒间隙，硬化后形成接头。将灌浆料与套筒、钢筋黏结，三者牢固地结合成一整体，如图 1.28 所示。

（3）灌浆波纹管连接

灌浆波纹管连接是在连接构件的一侧采用预埋金属波纹管成孔，另一侧预留外露钢筋，对构件进行分别预制，在拼装时外露钢筋插入金属波纹管孔中并灌注高强浆料，从而在构件间形成黏结锚固。这是一种浆锚式连接，其传力机理是钢筋直接将力传递给周围混凝土或灌浆料，金属波纹管仅用于形成竖向孔道，以供钢筋插入，如图 1.29 所示。

灌浆套筒(Coupler)连接器

图1.28　灌浆套筒连接构造

图1.29　灌浆套筒连接构造(传统镀锌波纹管)

(4)插槽式连接

插槽式连接是一种可以将预制立柱与盖梁、预制立柱与承台或预制桩与承台通过某一构件伸出锚固钢筋与另一构件的预留孔洞一同浇筑,并满足连接要求的连接构造。通常在盖梁或承台中预留一个较大的插槽孔,将预制构件伸出的竖向受力钢筋插入相接构件的预留孔内部,通过浇筑混凝土(不低于预制构件混凝土强度)填实预留孔,使两者连接成整体如图1.30所示。实际工程中,通常采用钢管形成预留的槽口。由于预埋墩柱与盖梁或承台之间的传力通过槽口的周边完成,因此,槽口的尺寸和细部构造需要进行特别的设计。

(5)承插式连接

承插式连接是将预制构件一端插入相接构件的预留孔内,预留孔壁可设置剪力键齿,插入长度一般为预制构件截面尺寸的 0.7~2.0 倍,通过浇筑混凝土或其他灌浆材料(不低于预制构件混凝土强度)填实预留孔内间隙,使构件连接成整体的连接构造,如图 1.31 所示。

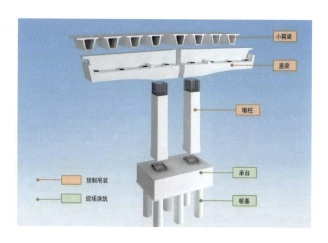

图 1.30　插槽式连接

图 1.31　承插式连接构造

承插式连接通常用于墩柱与承台及墩柱与盖梁之间。采用这种接头时,整体性能较好,预制构件周边没有伸出的钢筋,因此方便运输;由于不存在节段之间钢筋对接的问题,因此预制构件施工精度要求相对不高。

(6)现浇湿接缝连接

预制桥墩伸出一定数量的钢筋与相邻节段、承台或盖梁预留钢筋搭接或焊接,搭接或焊接长度需要满足规范构造的要求,然后在钢筋连接部位支模现浇混凝土,施工时需搭设临时支撑,如图 1.32 所示。采用该连接构造的预制拼装桥墩,力学性能往往与传统现浇混凝土桥墩类似,但湿接缝的存在会增加现场钢筋搭接、浇筑的作业量,施工时间较长,从快速施工角度考虑,该方案存在一定不足。在地震烈度较高的地区使用时,其抗震性能需要通过试验和理论进行研究。

图 1.32　现浇湿接缝连接构造

(7)UHPC 连接

适当配筋的 UHPC 结构,其力学性能接近钢结构,可实现混凝土结构之间的高强连接,在构件连接时钢筋与钢筋之间也可以不焊接,从而减少焊接量,同时提高施工精度和效率,常用于实现桥墩与承台之间或桥墩与盖梁之间的连接,如图 1.33 所示。

图 1.33　UHPC 连接

1.2 新阶段装配式桥梁建造关键技术

随着我国中小跨径桥梁发展进入新阶段,其面临的建设条件也越来越复杂。首先,桥梁周边环境更为复杂:公路桥梁更频繁地穿越山区、环境保护区、滩涂、浅海等环保要求高、地质条件复杂、施工场地受限的区域;市政桥梁建设则被大量的既有建筑物、构筑物或道路等制约。其次,预制构件的运输条件变差:随着我国旧桥、危桥的逐年增加,大型预制构件的运输面临更多的限制。此外,由于我国车辆数量的急剧上升,运输路况也更加拥堵。

复杂的建设条件对结构体系及施工工艺提出了新要求。桥位处的地质条件及周边环境的复杂性要求架设装备尽量减少占地或不占地,且架设装备要能适应长线路的不同环境条件、场地条件,如图 1.34 所示。因此,墩、梁一体化架设装备成为公路装配式桥梁高效建造的关键。运输条件及路况限制了预制构件的重量、尺寸,因此,预制构件轻量化设计也成为新阶段装配式桥梁顺利建设的关键。

a)山区公路桥梁　　　　　　　　b)市政桥梁

图 1.34　新阶段桥梁的复杂建设条件

1.2.1 装配式桥梁上部结构体系

目前,桥梁常用的 30m 跨混凝土小箱梁质量达 95t,30m 跨 T 梁质量也在 70t 以上,且预制 T 梁、小箱梁均为整节段预制,构件尺寸长、质量大,难以适应复杂的运输条件。而装配式组合梁桥因其结构受力合理、质量较轻、构件易于拆分等优势,成为公路装配式桥梁上部结构的理想形式。应用组合结构桥梁不仅契合公路装配式桥梁的轻量化设计理念,而且符合我国当前社会需求与政策导向。

2016年9月27日,国务院办公厅印发执行《关于大力发展装配式建筑的指导意见》,明确指出,要推动建造方式创新,大力发展装配式混凝土建筑和钢结构建筑,不断提高装配式建筑在新建建筑中的比例。交通运输部2016年发布的《关于实施绿色公路建设的指导意见》《关于推进公路钢结构桥梁建设的指导意见》,提出鼓励工程构件生产工厂化与现场施工装配化,注重工程质量,提高工程耐久性。由于纯钢桥梁面板采用的正交异性板结构易出现结构疲劳问题,桥梁采用钢混组合结构,如图1.35所示,充分利用了钢结构的轻质抗拉和混凝土结构抗压的特性,降低自重的同时提高桥面刚度和行车舒适度,而且钢混组合结构桥梁适宜工厂化制造、工业化生产、装配式施工,符合现代桥梁建设发展趋势。

a) 双主梁体系

b) 多主梁体系

图1.35 典型装配式组合结构桥梁

本书在1.1.1节中介绍了装配式组合梁的多种结构体系、各类连接构造,针对公路装配式桥梁结构特点及建设条件,需根据轻量化的设计理念,综合考虑结构力学性能、经济性、安装工效等因素,确定合适的组合结构体系及相应的连接构造。此外,装配式组合梁桥结构在剪力键设计、预制桥面板间连接计算理论、组合连续梁负弯矩区的处理、构件标准化设计等方面,还有待进一步研究。

1.2.2 装配式桥梁下部结构体系

随着我国城镇化进程的逐步推进、城市人口规模的持续扩大,城市土地资源日趋紧张。市政桥梁在设计时往往需考虑尽量减少占地面积,充分利用桥下空间,形成桥下市政道路与桥上立体快速路的城市立体交通体系。为此,市政桥梁的盖梁通常为大悬臂或大跨径结构,桥墩则为独柱墩、紧邻双柱墩或大跨门式墩,市政桥梁结构布置的特点导致墩柱及盖梁构件截面尺寸较大。公路桥梁在设计时往往不需要考虑桥下空间的利用,常规的双柱墩在设计时,其桥墩横向间距可充分考虑盖梁结构受力,当桥面宽度较大时,还可设置成多柱墩。因此,公路桥梁的盖梁、墩柱尺寸较小,公路桥梁下部结构在实现轻型装配化时具有优势。但目前的公路桥梁下部结构仍需进一步优化。以常用的直径1.5m公路桥梁实心圆形墩为例,其每延米质量为4.6t,10m高预制墩柱质量仍达46t,对运输条件、吊装设备要求仍较高。因此,无论市政桥梁还是公路桥梁(图1.36),都需要进一步对下部结构体系进行轻量化设计。

a)典型公路桥梁

b)典型市政桥梁

图1.36　公路桥梁与市政桥梁结构体系

1.2.3　装配式桥梁安装工艺与装备

随着装配式桥梁的优势日益凸显,预制墩柱及盖梁的应用也越来越广泛。上海嘉闵高架、长沙湘府路高架、成都成彭高架、无锡凤翔路改造、杭州莫干山路改扩建等工程都实现了墩柱与盖梁的装配化。在下部结构安装工艺及装备上,基本都采用汽车式起重机或履带式起重机进行安装,如图1.37所示,在架设过程中存在着如施工机械临时占地多、对场地要求高、环境交通影响大、误差调整耗时长等诸多问题,不能充分发挥装配式桥梁的优势。而公路桥梁面临更为复杂的场地、环境条件,常规的起重机安装工艺难以适应复杂的建设条件,为进一步拓宽装配式桥梁的应用场景,亟待开发新型的架设工艺与相应装备。

1.2.4　早强高性能连接材料

装配式桥梁在现场安装时需将大量散件拼装成整体,因此,结构上存在着诸多连接接头或接缝,如墩柱—承台连接、墩柱—盖梁连接、钢梁—预制桥面板连接及桥面板间的连接等,构件间连接的力学性能直接影响着结构的整体力学性能。结构自下至上安装时,通常在下部结构形成有效连接后才能安装上部结构,构件间的连接效率也直接影响工程进度。因此,早强高性能连接材料对提升结构性能、优化现场安装工效至关重要,如图1.38所示。

a)汽车式起重机安装预制墩柱　　　　　　b)履带式起重机安装预制盖梁

图1.37　常规装配式下部结构安装工艺与装备

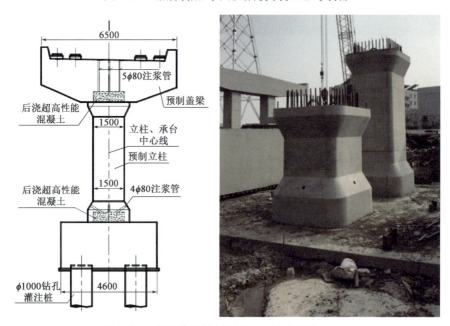

图1.38　高性能连接材料应用(尺寸单位:mm)

1.2.5　小结

桥梁发展新阶段对桥梁结构提出了轻量化设计、一体化安装、高效连接的需求,因此,有必要对传统的装配式桥梁结构形式(上部结构、下部结构)、连接构造及材料、安装设备进行优化升级,充分发挥装配式桥梁施工快速、环境干扰小的优势,使其适应新阶段建设条件,从而拓展装配式桥梁的适用范围。

第 2 章
CHAPTER 2

中小跨径装配式组合梁桥结构体系及建造工艺

针对新阶段装配式桥梁轻量化、一体化安装、连接快速的需求，本章在常规结构及工艺的基础上，通过综合比选与研发，给出了适宜的装配式组合梁结构形式（π形组合梁结构），提出了预应力空心管墩新结构及新型承插式连接构造，研发了装配式梁桥墩梁一体化架设工艺及装备，为装配式桥梁在新阶段建设条件下的优化升级提供了解决方案。

2.1 装配式组合梁桥结构体系

2.1.1 适宜的钢主梁形式

根据《公路桥涵设计通用规范》（JTG D60—2015）中的定义，单孔跨径在20～40m范围的桥梁为中桥。图2.1是不同混凝土主梁及组合梁的经济跨径，钢板组合梁经济跨径范围最广（20～80m），且完全覆盖了中小跨径桥梁。因此，从经济性角度出发，钢板组合梁是中小跨径装配式组合梁的最优主梁形式。

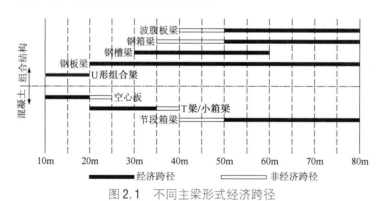

图2.1 不同主梁形式经济跨径

2.1.2 适宜的组合结构体系

早期的组合钢板梁桥不仅钢梁横向间距较小，且在钢板梁间设置大量横梁、横撑，导致现场构件多、焊接量大、安装工效低、质量控制难。20世纪60年代以来，瑞士、法国对组合钢板梁结构体系持续进行优化，发展出了双主梁体系，由于双主梁结构体系受力明确、结构简单、造型美观、现场施工方便,迅速在欧洲、日本发展成为主流。

由于双主梁体系的桥面板横向跨度及悬臂较大,桥面板内往往需设置横向预应力来改善力学性能,当桥宽进一步增大时(16.5m以上),双主梁结构体系则难以适用,同时双主梁体系的钢主梁梁高、桥面板厚度等主要设计参数均与桥面宽度相关,对于存在不同桥宽的长线桥梁,不利于结构的标准化设计。多主梁体系的钢主梁间距相对较小,桥面板可设计成钢筋混凝土结构。由于多主梁体系可在不改变钢主梁间距的情况下,通过增加钢主梁数量组拼成不同桥面宽度,钢主梁梁高、桥面板厚度、横向联系构造等设计无须随桥宽变化,因此,多主梁体系在构件的设计标准化方面更具有优势。

由于双主梁体系与多主梁体系各具优势与特点,在设计时需综合考虑桥梁宽度、外观造型、经济性、构件标准化等因素,选择适宜的结构体系。目前,这两种体系都具有较强的生命力,广泛应用于中小跨径桥梁,如图2.2所示。

a)早期多主梁体系

b)优化后多主梁体系

c)双主梁体系

图2.2 多主梁与双主梁结构体系

双主梁结构体系在装配式组合梁中应用时存在以下问题:①钢梁梁高及板件厚度较大,导致单根钢梁体量大;②桥面板需全宽预制,桥宽较大时,桥面板尺寸也较大,运输、安装极为不便。对于三车道及以上的宽幅公路装配式组合桥梁,双主梁体系难以实现轻量化。而在装配式组合梁中,多主梁体系的桥面板易于分块、钢主梁尺寸较小、构件轻量、易于标准化制造的优势得以凸显,如图2.3所示。美国在快速桥梁施工(Accelerated Bridge Construction,ABC)计划实施过程中,大量使用了多主梁+横向分块预制桥面板的结构体系。因此,对于中小跨径公路装配式组合梁桥,从构件轻量化、设计标准化等方面考虑,多主梁体系+预制桥面板是最为适合的结构形式。

多主梁+横向分块桥面板体系的装配式组合梁,现场安装工艺通常为:先架设钢梁,然后分块安装预制桥面板;该工艺现场散件拼装量大,安装工效较低,需进一步优化。为此,在多主梁+横向分块桥面板体系的基础上,提出了横向装配式π形组合梁结构体系,如图2.4所示。该结构在进行施工时,钢主梁与桥面板在场下进行组合,然后整体吊装,具有桥位处现浇量少、施工快速等优势。与先进行钢主梁吊装,然后在桥位处进行桥面板散件拼装的多主梁结构体系相比,π形组合梁桥结构体系在施工过程中由组合结构承担自重荷载,因此用钢量更省,具有更好的经济性。但π形组合梁桥结构的吊重较大,一般适用于跨径小于40m的桥梁。

a)双主梁+全宽预制桥面板体系

b)多主梁+横向分块桥面板体系

图2.3 装配式钢板组合梁结构体系

图2.4 横向装配式π形组合梁桥结构体系示意图

2.2 适宜的下部结构体系

2.2.1 预制桩基础

公路桥梁基础多采用钻孔灌注桩,导致基础施工工效低、环境影响大、质量控制难,目前钢管桩及预制预应力混凝土管桩(PHC管桩)等装配式基础形式在桥梁工程中已得到广泛应用,如上海S3公路新建工程大范围采用了钢管桩基础,沈海高速公路深汕西段改扩建项目则大规模应用了 PHC 管桩。

PHC 管桩(图 2.5)常采用的沉桩工艺有锤击法和振动下沉法,但锤击法噪声大、易损坏桩头,振动锤下沉法则对周边土体、既有建筑物干扰大,两种方法都难以将 PHC 管桩穿透较坚硬地层,如卵石夹层、中分化岩层等。沉桩工艺存在的诸多缺陷成为 PHC 管桩大规模推广的主要制约因素。为突破地质条件对 PHC 管桩应用的限制,引孔压桩法、随钻跟管法、中掘法等新型沉桩工艺及装备逐渐开始应用并趋于成熟,如图 2.6 及表 2.1 所示。

a)离心预制

b)沉桩

图 2.5 PHC 管桩

a)引孔压桩法

b)随钻跟管法

c)中掘法

图 2.6 PHC 管桩新型沉桩工艺及装备

PHC 管桩新型沉桩工艺对比　　　表 2.1

项目	引孔压桩法	随钻跟管法	中 掘 法
工艺方法	先采用钻机预先引孔(孔径小于管径),再施打或静压管桩至设计高程	长螺旋钻机引孔、边钻边下放管桩,振动锤助沉并激振至设计高程,清孔后进行桩底及桩侧注浆,适用桩径 0.8~1.4m	在管桩内插入专用钻头,边钻孔取土边将管桩打入土中,直至设计高程

续上表

项目	引孔压桩法	随钻跟管法	中掘法
设备配置	旋挖钻机、起重机、振动锤	旋挖钻机、起重机、振动锤	一体化中掘钻机
工艺特点	可快速形成承载力；水中或淤泥层需增设护筒，精度控制较难	桩基承载力高，成桩工序复杂，质量控制难度大	可快速形成承载力；桩内钻杆接长及精度控制有一定难度

随着 PHC 管桩在复杂地质条件下沉桩工艺及装备的成熟，考虑经济性及耐久性，PHC 管桩组成的群桩基础成为公路桥梁基础装配化的最优选择。目前 PHC 管桩标准分节长度为 12m，桩径 1m 的 PHC 管桩单节质量仅 10.8t，运输吊装较为方便。

本书在 1.1 节中描述了预制承台的应用现状，预制承台目前仅在水上桥梁有应用，陆上桥梁预制承台的设计、现场安装等技术还不成熟，难以进行大范围推广。

2.2.2 预制墩柱

目前对于公路装配式桥墩的轻量化有两种思路：①采用预制外壳 + 后浇填芯混凝土；②应用高强混凝土材料，减小墩柱截面面积，从而将墩柱优化为空心断面。

预制外壳墩柱施工工艺为：墩柱外壳预制完成后运输至现场，吊装内部钢筋笼，再以墩柱外壳为模板现场浇筑壳内混凝土，从而形成最终完整的墩柱，如图 2.7 所示。预制的墩柱外壳自重较轻，方便运输和吊装，此外，通过节省现场搭设模板的工序加快了施工进度。但采用这种墩柱体系也存在以下一些问题：由于仍需要现场浇筑大量混凝土，快速施工的技术优势没有完全发挥；由于预制墩柱外壳的存在，截面主筋更靠近截面形心，减少了截面的有效高度，从而使得其配筋率高于整体预制或整体现浇的墩柱，这可能导致墩柱内钢筋的布置更为拥挤等问题。

图 2.7　预制墩柱外壳

应用高强混凝土的空心预制墩柱,断面主要有圆形空心、方形空心两种形式,且通常采用离心式预制,如图2.8所示。预制工艺及结构特点使得离心预制空心墩具有预制生产流水化、标准化程度高等优势。离心预制的混凝土墩柱具有弹性模量高、强度高、密实度高等特点,构件重量较实心墩可以减轻30%~50%。从标准化设计、轻量化预制、高性能结构等方面综合考虑,离心预制空心墩是中小跨径装配式公路桥梁的理想墩柱形式。

图2.8 新型离心式预制圆形、方形空心墩柱

对于连接构造,在1.1.3节中介绍了目前存在的多种预制墩柱连接构造,针对公路装配式桥梁建造特点,预制墩柱常见的连接构造特点见表2.2。

预制墩柱连接构造比选 表2.2

连接形式	力学性能	施工特点	工效
灌浆套筒连接	连接质量可靠,能满足Ⅰ级接头连接要求,塑性铰区域短,结构变形能力差	连接方便,但预制、安装精度要求高,灌浆密实度检测难	较快
灌浆波纹管连接	与灌浆套筒连接类似	连接长度控制截面尺寸,波纹管加剧了结构钢筋密集状况	较快
后张预应力筋连接	墩柱抗裂性能优,具有一定自复位能力,但抗震性能较差,塑性铰区混凝土易压碎	干接缝施工快速,但预应力穿束工序复杂	最快
现浇连接	连接质量可靠,抗震性能优	现浇量较大,质量控制难,施工工效低	较低
承插式连接	连接质量可靠,滞回曲线具有较明显的捏拢效应,耗能能力一般	施工工艺简单,施工精度要求低,安装方便	较低

由上表可见,承插式连接施工工艺简单、施工精度要求低、安装方便,适用于公路装配式桥墩现场施工,但由于槽孔需现浇导致连接工效偏低。为改进常规承插式连接构造

缺点,提出了新型承插式连接,如图2.9所示。新型承插式连接具有以下特点:墩柱钢端板与竖向主筋采用穿孔塞焊,保证了钢筋的锚固性能;承台预留孔采用的冷弯波纹钢管,改善了连接面的力学性能;承台内侧抗冲切钢筋,有效降低了承台的厚度。填芯混凝土周围的构造钢筋,提高了承插式连接的安全性;高强无收缩水泥灌浆料,3d抗压强度≥60MPa,大幅降低施工周期。

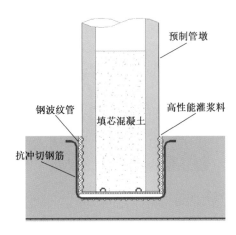

图2.9 新型承插式连接

2.2.3 预制盖梁

盖梁结构的轻量化目前主要为两种方法:①盖梁分节段预制,即将整节段盖梁分为多节段预制,节段间通过胶接缝或湿接缝+预应力连接,如图2.10所示;②预制外壳+后浇填芯混凝土,即仅预制混凝土外壳,壳体运输至现场后安装钢筋笼,并浇筑填芯混凝土,形成盖梁整体,如图2.11所示。表2.3对两种方案进行了对比,预制外壳+后浇填芯混凝土方案预制外壳尺寸仍然较大,运输不便,现场存在大量现浇作业,质量控制难,且不符合快速施工需求。因此,分节段预制成为装配式盖梁轻量化的主要方向,预制盖梁节段在现场可采用胶接缝或现浇混凝土湿接缝进行连接。胶接缝连接对现场安装精度要求高,施工速度快;现浇湿接缝可调整误差,对现场安装精度要求稍低,但由于湿接缝需养护等强,总体施工速度偏慢。盖梁分节段预制、安装工艺较为成熟,在国内应用广泛。

由PHC管桩+离心预制空心墩+预制盖梁组成的轻型装配式下部结构体系如图2.12所示。

a)胶接缝连接　　　　　　　　　　b)现浇湿接缝连接

图 2.10　分节段盖梁现场连接形式

图 2.11　预制外壳 + 后浇填芯混凝土方案

预制盖梁轻量化方案对比表　　　　　　　　　　表 2.3

项目	分节段盖梁方案	预制外壳 + 后浇填芯混凝土方案
结构形式	整节段盖梁分为多节段,节段间通过胶接缝或湿接缝 + 预应力连接	仅预制混凝土外壳,壳体运输至现场后安装钢筋笼,并浇筑填芯混凝土,形成盖梁整体
预制工艺	分节段预制,工艺方便	预制外壳,质量控制难度大
运输	尺寸较小,运输方便	外壳尺寸较大,运输条件要求高
现场安装	节段间采用胶接缝 + 预应力连接,安装快速	填芯混凝土浇筑质量难控制,且混凝土养护等强时间长
比选结果	推荐	比选

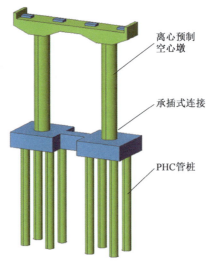

图2.12　轻型下部结构体系

2.3　装配式组合梁桥安装工艺

在本书1.1节中介绍了装配式组合梁的各类安装工艺,包括架桥机安装、起重机(门式起重机、汽车式起重机、浮式起重机)安装、顶推安装等,上述安装工艺能适应各类现场条件。但目前预制桥墩盖梁的安装工艺与设备较为单一,均为履带式起重机或汽车式起重机吊装,安装过程中仍存在着如施工机械临时占地多、对场地要求高、环境影响大、误差调整耗时长等诸多问题,不能充分发挥装配式桥梁的优势。为此,对于应用预制墩柱、盖梁的装配式组合梁桥,需研发新型安装工艺与设备。

为解决预制墩柱、盖梁安装存在的问题,新型工艺及装备应满足以下需求:①预制构件从已建成桥梁上进行运输,减少运输占道;②新型装备不落地,可适应不同的场地条件,避免大范围场地处理;③新型装备需具备精确、快速调位功能,以实现构件的快速安装到位;④装配式上部结构与下部结构的安装采用同一设备,减少现场设备种类。

基于上述新型工艺及装备的需求,提出了新型墩梁一体化架设装备及工艺,如图2.13所示。通过在常规架桥机上增设落地前支腿,使得架桥机具备架设预制墩柱、盖梁的功能,由于墩柱安装与主梁安装工作面分离,上部结构构件与下部结构构件可实现同步安装。所有预制构件可从架桥机尾部已建成梁段运输,无须在地面设置运输道路,架桥机前支腿支撑在承台上,装备及安装过程可实现"零着陆",因此,一体化架设工艺和装备能适应各类复杂场地条件。

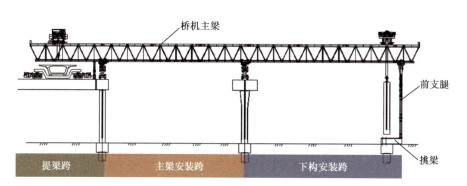

图 2.13　一体化架设装备

某桥梁工程采用全预制拼装结构,全长 5km,标准跨距 25m。各结构尺寸及质量如下:①预制墩柱最大尺寸 2.5m×1.8m×13m,最大吊装质量 150t;②预制盖梁最大尺寸 2.0m×1.8m×17m,最大吊装质量 160t;③钢主梁最大尺寸 9.0m×1.6m×25m,最大吊装质量 70t;④预制桥面板最大尺寸 4.0m×0.3m×19m,最大吊装质量 40t。分别采用全履带式起重机、履带式起重机+常规架桥机、一体化架桥机 3 种方案,其施工工效、主要设备投入、成本对比分析见表 2.4。

常规工艺与一体化架设方案对比表　　　　表 2.4

项目	全履带式起重机方案	履带式起重机+常规架桥机方案	一体化架桥机方案
工效	每跨平均工期 2d,总工期约 15 个月	每跨平均工期 3d,总工期约 22 个月	每跨平均工期 3.5d,总工期约 25 个月
主要设备	2 台 300t 履带式起重机(140 万元/月)、2 台 100t 履带式起重机(40 万元/月)	2 台 300t 履带式起重机(140 万元/月)、1 台 70t 常规架桥机(200 万元)、1 台 100t 门式起重机(300 万元)、1 台 70t 运梁车(100 万元)	1 台 160t 一体化架桥机(450 万元)、2 台 100t 门式起重机(600 万元)、1 台 160t 运梁车(200 万元)
费用合计	2700 万元	3680 万元	1250 万元

一体化架桥机方案与全履带式起重机方案、履带式起重机+常规架桥机方案相比:①投入少,经济成本低,在同样条件下,一体化架桥机方案比全履带式起重机方案节省 1450 万元,比履带式起重机+常规架桥机方案节省 2430 万元;②对于工程投资小、桥梁路线长、工期不紧张的工程,如绕城公路,一体化架桥机方案的经济效益优势更加显著;③一体化架桥机方案仅始发区需占据场地,对居民干扰和交通影响最小。

第 3 章
CHAPTER 3

上部结构设计与关键构造

适合一体化建造技术的装配式组合梁主要为双主梁和π形梁等形式,其设计理论和构造要求总体上与常规钢混组合梁相同,可按照《公路钢混组合桥梁设计与施工规范》(JTG/T D64-01—2015)、《钢—混凝土组合桥梁设计规范》(GB 50917—2013)执行。但由于其装配式结构自身特点以及施工工艺的不同,个性上又存在一定差异,如钢主梁间距的控制、剪力钉群钉的布置、预制桥面板的连接、钢主梁的横向连接等。本章针对两种上部结构的设计及构造共性与个性特性,吸收相关的研究成果,结合工程应用经验加以叙述。

3.1 结构设计原则及要点

3.1.1 结构设计原则

1)基本设计方法

国内规范关于钢混组合梁的设计均采用了基于概率理论的极限状态设计方法。持久状况应按承载能力极限状态的要求,进行承载力及稳定性计算,必要时尚应进行结构的倾覆和界面滑移验算。在进行承载能力极限状态计算时,作用(或荷载)组合应采用作用基本组合,结构材料性能应采用其强度设计值。对持久状况正常使用极限状态设计时,应对组合梁的抗裂性能、裂缝宽度和挠度进行验算,并满足《公路钢混组合桥梁设计与施工规范》(JTG/T D64-01—2015)的要求,作用(或荷载)组合采用作用频遇组合、准永久组合。

通常情况下,装配式钢混组合梁桥施工需分阶段完成,施工期间存在结构体系转换的过程,因而设计时应考虑施工过程的影响,施工过程中需验算结构各阶段的承载力及稳定性。除非有特殊要求,短暂状况一般可不进行正常使用极限状态的验算,可以通过合理的施工措施或构造措施加以保证,防止构件出现过大的变形或不必要的裂缝。

2）设计计算理论

目前钢混组合梁桥承载力计算主要为弹性理论和弹塑性理论两个分支,其计算的前提均假定钢混截面的受力变形满足平截面假定。

(1)弹性设计理论

弹性理论认为在承载能力极限状态下,钢混组合梁是完全协同工作的,结构的破坏是以边缘应力水平超过材料的允许应力为标准计算的,因此弹性理论计算承载能力时,有如下假定:

①钢材和混凝土为理想的弹性体,直到梁体的破坏;
②钢与混凝土连接是安全可靠的,可能有微小的滑移,但是可忽略;
③不考虑混凝土开裂对结构承载能力的影响。

根据钢混组合结构的计算理论,如果钢混构件的连接在承载能力状态下不发生滑移,截面内构件连接完好,则可以按照刚度分配原理计算钢梁承受的弯矩、轴力和混凝土桥面板承受的弯矩和轴力,结构内力的分配原理如图3.1所示。

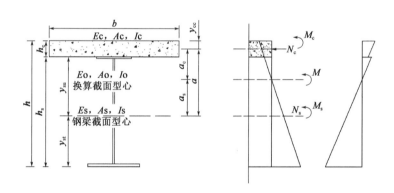

图3.1 弹性理论下钢混组合截面内力分配

(2)弹塑性设计理论

因为混凝土并非理想的线弹性材料,钢材是理想的弹—塑性材料,组合梁截面按弹性理论分析只有当混凝土的最大压应力小于0.5倍的抗压强度且钢材最大拉应力小于抗拉强度时才能认为是准确的。因此,弹性分析用来计算在使用阶段组合截面的应力及刚度是可信的。而在确定构件的承载力方面,由于未计入塑性变形发展带来的强度潜力,计算结果偏于保守,而且也不符合实际的工作情况。

考虑到钢和混凝土的应力应变曲线较为复杂,结构计算中一般采用简化算法,认为

钢材和混凝土都满足理想的弹塑性关系,因而可以采用简化的弹塑性理论计算结构的承载能力。计算采用的基本假定有:

①混凝土和钢材具有较为可靠的连接,允许产生不影响截面承载力的滑移;
②不考虑处于塑性中和轴受拉区的混凝土作用;
③混凝土的受压区为均匀受压,并达到抗压设计强度;
④在钢梁受拉区可以达到钢梁的塑性受拉强度 $f_p = 0.9f$(钢材抗拉强度)。

简化弹塑性理论需要根据塑性中和轴的位置计算截面的承载能力,结构内力的分配原理如图3.2所示。

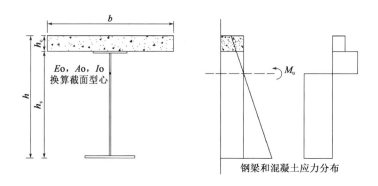

图 3.2 塑性理论下钢混组合截面内力分配

实际公路工程中,组合结构桥梁的钢梁板件宽厚比较大,截面类型对应于欧洲规范 4 中的第 2 类及第 3 类截面,组合梁截面塑性转动能力受到钢板局部屈曲的限制,因此,《公路钢混组合桥梁设计与施工规范》(JTG/T D64-01—2015)推荐的设计计算方法以弹性理论为基础,结构的作用效应及抗力计算均采用弹性方法,即假定钢材与混凝土为理想线弹性材料,但并不限制计算组合梁承载能力时考虑组合梁的塑性发展。《钢—混凝土组合桥梁设计规范》(GB 50917—2013)则指出,当截面符合一定要求时,可采用塑性设计方法计算抗弯承载力;不符合时,应采用弹性设计方法进行。

3)设计流程

装配式钢—混凝土组合梁桥的设计应根据建设条件、结构受力性能、耐久性、施工装备、工期要求、经济性、景观、运营养护等因素,合理确定结构形式、跨径布置、截面构造、钢混结合部位置与形式,其设计一般流程如图3.3所示。

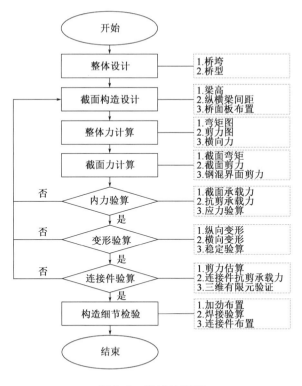

图 3.3　设计流程图

3.1.2　双主梁组合梁桥设计要点

1）结构特点

装配式双主梁工字形钢板组合梁桥一般构造包括全宽度的预制混凝土桥面板、两片工字形钢主梁、横隔板、横撑、桥面板预应力束及剪力连接件等,如图 3.4 所示。

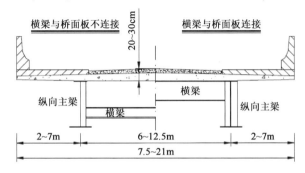

图 3.4　双主梁组合梁桥横断面

全宽度预制混凝土桥面板支撑在钢梁上,形成双主梁形式,双主梁桥的主梁间距根据桥宽合理设置,最大可达 12m。在支点处通常设置横向支撑,跨内间隔一定距离也需要布置横梁,以提高上翼缘的抗压强度,提高施工阶段的稳定性。

双主梁组合梁桥体系优势主要体现为构件数量少、焊接工作量小、用钢量较小经济性优、施工速度快、后期维护方便等。但由于整体刚度小于多主梁结构使用中应重点关注稳定性问题。

2)结构计算

双主梁工字型钢板组合梁桥在进行结构整体受力计算时,通常采用梁格模型进行结构静力分析,混凝土翼板的有效宽度按实际尺寸选用。在进行截面抗弯承载力计算时,须考虑桥面板有效宽度的影响,当主梁间距增大时,剪力滞效应更为明显,需要考虑。

施工阶段桥面板与钢梁未结合前,应对钢梁进行整体稳定性验算,钢梁与桥面板结合后,连续结构负弯矩区应进行钢梁侧扭稳定性验算。钢板梁在非组合截面状态,其尺寸设计往往受稳定性控制。双主梁结构体系的稳定,包括弹性稳定(一类稳定)和极限承载力(二类稳定)。弹性稳定分析不考虑材料的非线性,获得结构的第一阶屈曲模态,主要采用欧拉杆原理的失稳准则。极限承载能力分析考虑材料和几何非线性,获得结构体系的极限承载力,主要采用 Mises 应力准则。

当预制桥面板设置有预应力钢筋时,预应力钢筋的锚固装置通常由于局部承压形成应力集中区域存在失效风险,局部计算可以相应构造破坏时的受力状态为基础,采用拉杆-压杆简化分析模型或其他简化模型建立极限平衡方程。此外,需采取合理构造有效传递、分散局部应力。

3)构造设计

装配式双主梁钢混组合梁一般为预制全宽桥面板,顺桥向 2.5~3.0m 一个节段,横向湿接缝连接。按桥面板支撑情况分为横梁支撑和横梁非支撑两种形式(图 3.5),横梁支撑形式桥面板受力主方向在纵桥向,钢材用量较大,桥面板厚度较小,横梁间距在 4m 左右。横梁按结构形式可分为无悬臂横梁、有悬臂横梁和带 K 撑横梁,按截面形式又可分为等截面横梁和主梁连接处加高横梁。横梁非支撑形式连接构造简单,其间距一般在 8m 左右,为防止主梁下翼缘受压失稳,可在支点附近适当减小间距。桥面板主受力方向在横桥向,桥面板厚度较大,大多需要设置横向预应力钢筋。

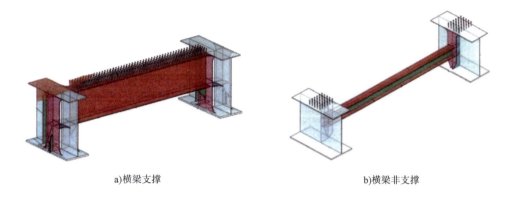

a) 横梁支撑　　　　　　　　　　　b) 横梁非支撑

图 3.5　双主梁钢横梁构造图

当双主梁间距较大且主梁间横向联结较弱时,剪力连接件有可能承受较大的横桥向剪力和竖向拉拔力,因此剪力连接件的布置应能够承担钢梁和混凝土板间的纵桥向剪力及横桥向剪力,同时应能抵抗混凝土桥面板与钢梁间的掀起作用。

3.1.3　装配式 π 形组合梁桥设计要点

1）结构特点

装配式 π 形组合梁桥本质上是多主梁结构,其综合组合箱梁和工字梁的优点,将工字钢梁两片组合为一榀,形成以 π 形截面为单元的组合梁方案。不同数量 π 形单元通过纵向湿接缝连接形成整体桥梁(图 3.6)。

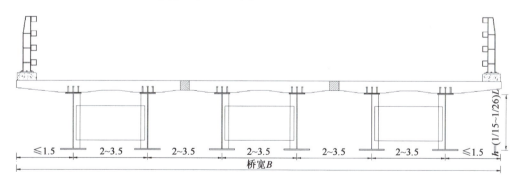

图 3.6　典型装配式 π 形组合梁桥(尺寸单位:m)

h-主梁高度;L-主梁跨径

装配式 π 形组合梁桥特点主要体现为:

①受力性好、梁高较矮。钢梁与混凝土形成组合结构后共同受力,稳定性好,可减少

钢材用量,降低工程造价。而且可以根据不同受力位置,选择合适的材料,主次分明,方便采购。桥梁断面为多主梁结构,梁高较矮,适应性好。

②装配化程度高、减少高空作业时间、施工效率高。钢构件及混凝土板相对尺寸较小,便于运输及现场拼装。预制混凝土桥面板无须预应力,施工方便。单榀架设,湿接缝浇筑量小,桥面铺装及附属结构安装后即可通车。

2)结构计算

装配式π形组合梁桥结构计算要点与双主梁组合梁基本相同,主要区别在于施工步骤的不同以及不同阶段受力状态的不同。对于双主梁组合梁施工时先架设钢板梁,然后施工混凝土桥面板,并通过剪力键与钢板梁结合形成整体。对于装配式π形组合梁,单榀预制时将工厂制作好的钢板梁置于预制台座上,浇筑或安装混凝土桥面板,此时钢板梁的上、下翼缘不会产生纵向应力。现场架设时,装配式π形梁作为一个预制单元进行拼装,结构自重由组合截面整体承受,结构应力会小于双主梁形式,同时混凝土桥面板的约束使钢梁的稳定性也得到了提高。

3)构造设计

预制桥面板宽度即为π形组合梁宽度,可根据运输条件和现场的吊装架桥设备确定。为了减少湿接缝数量,宽度可适当加大。

钢主梁则通过钢横梁进行连接,钢横梁的主要作用是保证钢结构的稳定性,在预制组合梁单元时需要一定数量的横梁保证梁体的稳定性,一般间距不大于8m,而在吊装完成后钢梁与混凝土已形成稳定的结构,即梁体之间不需要设置横梁。此外,横梁还会参与梁体间的横向传力,主要是在支座位置防止不均匀变形的产生,而在跨中部位主要依靠混凝土板来传递横向力,所以中小跨径桥梁(跨径小于20m)可仅在支座处设置钢横梁,如图3.7所示。

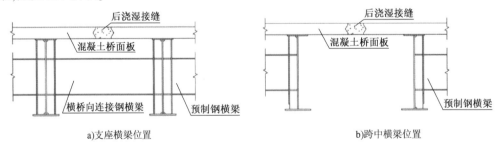

图 3.7

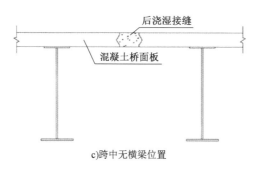

c)跨中无横梁位置

图 3.7　横桥向连接构造

多跨连续组合梁需要考虑墩顶混凝土板的连接与钢结构的连接。对于混凝土桥面板的纵桥向连接,采用现场浇筑湿接缝的方式,与混凝土板的横向连接基本相同。对于钢结构纵桥向的连接,可采用焊接或者栓接的方式进行。考虑到桥梁现场的焊接条件难以达到工厂的焊接条件,现场焊接质量不容易保证,同时为提高现场的预制装配化程度,采用高强度螺栓连接是比较推荐的一种方法。

3.2　关键参数及典型断面

3.2.1　总体布置

π形组合梁的适用跨径一般为20~40m,双主梁组合梁适用跨径可以达到60m甚至更大,结构选型一般可分为简支梁、连续梁两种。简支结构宜采用桥面连续体系,连续跨数根据当地气候条件等确定,连续长度不宜超过150m。非标准跨径三跨连续结构的边中跨比宜取为0.6~0.8,多跨连续结构的边中跨比宜取为0.8~1.0。当桥墩抗推刚度适宜时,墩梁间可采用固结或固定支座连接,形成连续刚构体系。斜交桥梁要注意横梁的布置、桥面板钢筋的布置、支座布置以及桥面伸缩缝的选取,双主梁组合梁桥斜交布置时,应尽可能避免过大的斜交角度。

3.2.2　双主梁组合梁桥

1）钢主梁

双主梁组合梁桥跨径较小时主梁大部分采用等高度,一般建议取值范围为(1/17~

$1/28)L$(L 为跨径)。跨径大时采用变高度梁,但会增加一定的加工和安装难度。工字梁翼板一般采用等宽度,便于制造,腹板和翼板根据受力情况采用变厚度,节约材料用量。

设计时可以用承担 80%～90% 弯矩的方法估算下翼缘的宽度和厚度,上翼缘板由于与混凝土融合为一体,可以相对小,厚度和宽度一般为下翼缘板的 50%～70%。针对不同跨径的钢板组合梁,翼缘板的宽度参考取值见表 3.1。

钢主梁翼缘宽度参考表　　　　表 3.1

跨径 L(m)	上翼缘宽度(mm)	下翼缘宽度(mm)
$L<30$	400	500
$30 \leq L<50$	500	500～700
$50 \leq L<60$	600	800

腹板的厚度一般根据截面最不利剪力值的要求进行设计,通常采用等效剪应力的方法进行验算,同时不宜小于 0.005 倍的梁高。若腹板高度较高时,需要布置水平加劲肋,且厚度不宜小于 12mm。目前主梁设计有"多加劲肋、薄腹板"和"少加劲肋、厚腹板"两种设计思路,在 30～50m 跨径范围内,经比较,两者用钢量相当,但少加劲肋可以简化主梁制造工序,降低加工成本。

当桥面宽度一定时,钢主梁间距与横梁结合形式相关。对于无支承横梁的,主梁间距应使桥面板横向正负弯矩均衡,主梁间距控制在悬臂长度的 2.4 倍左右。对于无悬臂支承横梁的,主梁外侧的悬臂一般不大于 2m;对于全断面支承横梁的,主梁间距可以有较大选择余地。

2)钢横梁

钢横梁可采用工字梁,一般比主梁尺寸小,高度通常为主梁高度的 1/2～3/4。对于非支承横梁,只起连接两主梁作用,主梁、桥面板、横梁形成框架,类似于混凝土 T 梁的横梁,间距 7～8m。对于支承横梁,横梁是支承桥面板的主要构件,间距 4m 左右,横桥向也是组合构件,刚度大。支点处横梁的约束作用最强,一般需做加强设计。

3)预制桥面板

桥面板对于非支承横梁,相当于双悬臂梁,横桥向常采用变厚度,厚度 24～40cm,宽度较大时需要配置预应力钢筋。对于支承横梁,相当于纵桥向 4～6m 跨径的连续板,等厚度 24～25cm,一般无须设置预应力钢筋。

为了减小运输吊装质量,结合预应力后预制桥面板板厚一般较小,桥面板直接承受车辆轮压和冲击作用,容易发生疲劳破坏,因此需要对组合梁桥面板的最小厚度进行限制。

各国规范有着不同的限制要求,美国公路桥梁设计规范(AASHTO LRFD Bridge Design Specifications,以下简称 AASHTO)给出规定:建议最小板厚取 7 英寸(约合 178mm)且不包括磨耗或开槽削弱的表面高度,并且需满足最小混凝土保护层的要求。AASHTO 规定混凝土板表面最小保护层厚度为 2 英寸(约合 50mm),底面最小保护层厚度为 1 英寸(约合 25mm)。因此,为满足最小混凝土保护层要求,并确保足够的钢筋间距,最小板厚一般不小于 7.5 英寸(约合 190mm)。日本《道路桥示方书》规定,连续钢筋混凝土桥面板的最小厚度为 $30L+110\mathrm{mm}$,并且行车道部分的桥面板不得小于 160mm,其中 L 为板的横向计算跨径(m)。我国《钢—混凝土组合桥梁设计规范》(GB 50917—2013)规定,混凝土桥面板厚不宜小于 180mm,根据需要可设计承托。

4)典型断面

某桥采用双主梁($3\times30\mathrm{m}$)三跨连续钢板组合梁,上部结构高度 2.0m,钢主梁高度 1.6m。单幅宽度 12.65m,主梁间距 7.05m,悬臂长度 2.25m。主梁间混凝土板板厚 300mm,悬臂端混凝土板厚 220mm,根部混凝土板厚 400mm。混凝土桥面板与钢梁通过剪力钉连接,钢主梁间采用横梁加强横向联系,跨间设置板式小横梁,非支承横梁,支点处设置实腹式大横梁。钢主梁与横梁间采用焊接连接,钢主梁纵向节段间采用栓接连接。一般断面如图 3.8a)所示,中横梁断面如图 3.8b)所示,支点横梁断面如图 3.8c)所示。

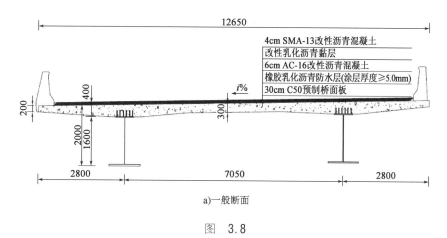

a)一般断面

图 3.8

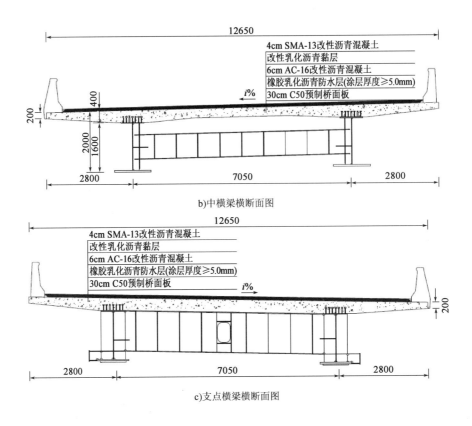

图 3.8 双主梁组合梁典型断面(尺寸单位:mm)

3.2.3 装配式 π 形组合梁桥

1）钢主梁

装配式 π 形组合梁钢主梁一般采用钢板拼接而成,小跨径也可采用成品工字钢,如 25m 以下跨径,钢主梁采用成品轧制 H 型钢可显著降低成本。

π 形组合梁一般采用等高度梁,为改善截面受力性能,一般通过改变钢板厚度适应。由于钢梁的截面为工字形,最常用的做法是变化翼缘板的厚度,而不去改变腹板的厚度。翼缘板厚度变化应保证外侧平齐,朝腹板侧变化。不同厚度钢板的焊接应保证均匀过渡,渐变最大坡度应控制在 1/4 以内,下翼缘板的厚度变化范围应控制在 1/2 ~ 1/3 之间。对于上翼缘,考虑到桥面板的组合的作用,该限制可以适当放宽。

装配式 π 形组合梁桥为多主梁结构形式,工字形主梁间距一般设置在 2 ~ 3.5m 之间,桥面板的悬臂长度在 1.5m 以内。根据我国《公路工程技术标准》(JTG B01—2014),将不设人行道时的典型钢板组合桥梁横断面宽度和主梁布置列于表3.2。

钢混组合梁主梁布置表　　　　　　表 3.2

车道数	桥宽(m)	π形梁片数(片)	主梁布置(m)
4	24.5	4	$1.4 + 7 \times 3.1 + 1.4 = 24.5$
		5	$1.45 + 9 \times 2.4 + 1.45 = 24.5$
		6	$1.25 + 11 \times 2.0 + 1.25 = 24.5$
2	13	2	$1.25 + 3 \times 3.5 + 1.25 = 13.0$
		3	$1.25 + 5 \times 2.1 + 1.25 = 13.0$
	8.5	2	$1.25 + 3 \times 2.0 + 1.25 = 8.5$

π形组合梁桥经济梁高应是同时满足结构刚度、强度、稳定性和耐久性要求并且材料用量最少的高度。通常组合梁桥梁的经济梁高为跨径的 1/26~1/15。综合考虑装配式钢板组合梁的结构安全性、经济性以及施工便捷性,以桥宽 13m 为例,对主梁的合理结构参数进行了研究并提出参考方案,见表3.3。

13m 桥宽钢板组合梁跨中截面钢梁结构参数　　　　表 3.3

钢梁	跨径 (m)	梁高 H (mm)	腹板厚 t_w (mm)	顶板宽 B_1 (mm)	顶板厚 t_{f1} (mm)	底板宽 B_2 (mm)	底板厚 t_{f2} (mm)
边梁	20	1300	14	400	14	600	30
	30	1400	16	400	16	650	40
	40	1800	16	500	20	750	50
中梁	20	1300	14	400	14	600	28
	30	1400	16	400	16	650	36
	40	1800	16	500	20	750	44

2) 钢横梁

装配式 π 形组合梁的钢横梁设置原则基本和双主梁相同,只是主梁间距较小。为减少现场施工,榀间横向联结设置较少、与榀内横向联结数量不对等,因此需要考虑不等横向联结系对荷载横向分布的影响。相关研究发现横向联结刚度对荷载横向分布影响甚小,不同的桥面板厚度下,荷载横向分布随榀内、榀间横向联结的数量以及刚度的变化规律基本一致。榀内横向联结数量足够、榀间仅设置端部和跨中横向联结时,继续增加榀间横向联结横撑数量对荷载横向分布影响较小。设计时,榀间横向联结可仅在端部和跨中处设置,其余位置的横向联结则根据稳定性要求进行布置。

3)预制桥面板

由于装配式π形组合梁桥主梁间距不大,桥面板一般为钢筋混凝土结构,板厚一般为 18～30cm。楣间组合梁吊装就位后,通过现浇微膨胀混凝土湿接头形成整体,钢梁和钢筋混凝土桥面板通过布置在钢梁顶板处的焊钉剪力键形成组合梁,端横梁混凝土板设伸缩缝安装预留槽,桥面连续处预留槽在两联组合梁吊装就位后,浇筑C55钢纤维混凝土。

针对装配式π形组合梁桥钢板梁中心间距多控制在4m以内,桥面板采用钢筋混凝土,综合国内外规范,通过研究给出了不同跨径下预制桥面板建议的厚度范围,见表3.4。

预制桥面板参考厚度(单位:mm)　　　　　　　　表3.4

主梁跨径 B(m)	主梁间距 L(m)		
	$L \leq 2$	$2 < L \leq 3$	$3 < L \leq 4$
$B \leq 20$	[180,210]	(210,240]	(240,280]
$20 < B \leq 40$	[200,220]	(220,260]	(260,300]

4)典型断面

40m跨径简支钢板组合梁(图3.9),上部结构高度2.1m,钢主梁高度1.82m。单幅宽度16.5m,单楣宽度5.15m,主梁间距2.8m,悬臂长度1.25m。主梁间混凝土板板厚230mm,悬臂端混凝土板厚180mm,根部混凝土板厚280mm。

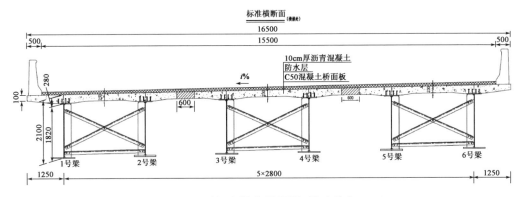

图3.9　π形组合梁典型断面(尺寸单位:mm)

π形组合梁横向联系梁包括楣间横撑和楣内横撑(图3.10),楣间钢横撑10m左右设一道,楣内横撑每5m左右设一道。跨间及端横隔X横撑均采用双肢角钢或单肢角钢连接,双肢角钢间与单肢角钢交叉处均加填板栓接。

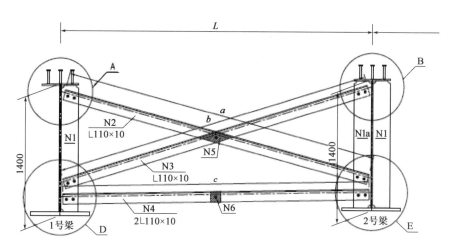

图 3.10 π形组合梁横向联系梁结构形式(尺寸单位:mm)

3.3 连接部设计及构造

3.3.1 桥面板与钢主梁连接

1)剪力连接件类型

剪力连接件主要分为黏合剂连接件、剪力钉连接件、型钢连接件、PBL开孔钢板连接件和螺栓连接件等,中小跨径钢混组合梁应用最多的是剪力钉连接件(图3.11)。

剪力钉连接件利用剪力钉来承受结合面上的水平剪力,利用剪力钉的圆头来抵抗混凝土板的掀起。在使用剪力钉连接件时,先把剪力钉焊接在钢梁上,然后现浇混凝土,使剪力钉埋入混凝土板中。剪力钉连接件设计简单,施工方便,连接稳定可靠,在任意方向的强度和刚度都相同,不必考虑剪力钉受力方向的问题,为设计者提供了很大的便利。另外,剪力钉焊接设备的研制成功使剪力钉的焊接变得十分方便,施工质量也容易得到保证。

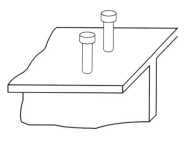

图 3.11 剪力钉连接件

与满布栓钉连接的常规组合梁桥相比,装配式钢混组合梁桥的主要特点是采用簇钉群剪力连接(图3.12)。

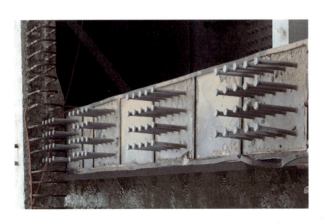

图 3.12　组合梁簇钉群剪力连接件

在预制桥面板上预留剪力槽孔,通过剪力件群将主梁与全高预制混凝土桥面板连成整体,共同工作。因此,簇钉群的设计以及预留剪力槽孔的布置对于组合梁的受力显得格外重要,将直接影响到组合梁的受力性能以及施工便捷程度。簇钉群剪力件布置方案的影响因素主要包括剪力槽孔孔间距和槽孔内栓钉布置形式(栓钉直径和栓钉数量)等,表 3.5 列出了剪力钉构造分类与说明。

剪力钉构造分类与说明(单位:mm)　　　　表 3.5

构造分类	构造示意图	构 造 说 明
均布		多用于现浇桥面板与分块预制桥面板,适用于有纵横向湿接缝的部位。 栓钉个数根据计算确定,并应满足构造要求
簇钉		用于整块预制桥面板,簇钉连接件在预制桥面板槽口内,通过后浇筑形成连接。 栓钉个数根据均布计算确定,当栓钉间距不满足规范要求时应考虑群钉效应对栓钉抗剪承载力的折减

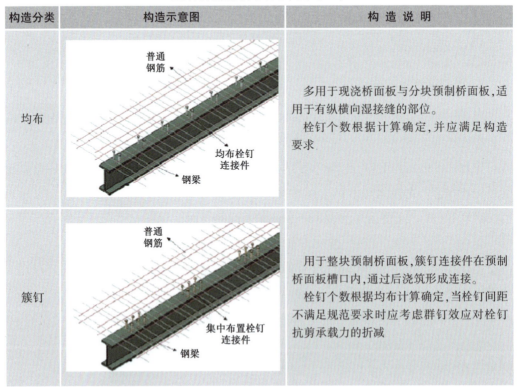

2）簇钉群合理布置

（1）剪力钉连接件设计方法

目前，对于剪力钉连接件的设计主要分为弹性设计方法和塑性设计方法。其中，我国《公路钢混组合桥梁设计与施工规范》（JTG/T D64-01—2015）规定钢混组合梁桥设计应采用弹性设计方法，即剪力连接件、混凝土桥面板和钢梁的应力都不允许超过各自材料的强度指标。

与行业标准不同，我国《钢—混凝土组合桥梁设计规范》（GB 50917—2013）规定钢混组合梁采用塑性设计法进行设计，在承载力极限状态下钢梁与混凝土截面的纵向剪力分布比较均匀，因此可以等间距设置所有剪力连接件。但是等间距布置剪力连接件时，组合梁在正常使用状态下剪力部分剪力连接件将受到较大的剪力作用。而且为了承载力极限状态下钢梁与混凝土截面纵向剪力能够重分布，必须使用变形能力较强的剪力连接件，即柔性抗剪连接件。

两种方法均认为钢梁和混凝土板结合面上的纵向水平剪力全部由栓钉承担，不考虑钢梁和混凝土之间的黏结力作用，但是两种方法的分析途径不同。弹性设计法认为结合面不发生相对滑移，根据梁的竖向剪力的设计值，确定所需剪力钉的数量，剪力钉的间距与其所对应的剪力图面积成反比。塑性设计法则考虑了结合面事实上存在相对滑移，使结合面上的剪力在各个连接件之间发生重分布，认为达到极限状态时各剪力钉受力基本相等，与位置无关，因此剪力钉可以灵活布置，所需栓钉的数量可根据能保证最大弯矩截面的抗弯承载力充分发挥作用的等强度原则确定。两种方法均能满足设计要求，只是塑性设计方法计算相对简单，且认为剪力钉为柔性剪力键，组合梁内的剪力发生重分布，剪力钉的数量较少，位置布置更灵活，施工更方便。

（2）簇钉群剪力连接设计

剪跨区内剪力连接件的布置数量对结构抗弯刚度、钢混滑移量及极限承载力等受力性能均有影响，而剪力连接件的数量决定了剪力槽孔间距布置。槽口数量过多会影响施工效率，剪力钉过密集又会导致与预制桥面板槽口内的钢筋产生干扰，因此，采用簇钉剪力件的装配式钢混组合梁考虑按照部分抗剪连接设计一定程度上有利于施工控制。但是采用部分抗剪连接设计的前提是不能因为剪力连接件破坏导致组合结构失效，在正常使用状态下钢梁与混凝土之间也不允许发生较大的滑移。相关研究认为，中小跨径钢混组合梁剪力连接度≥0.7时，可以满足使用要求。剪力连接程度降低对组合梁抗弯承载力影响程度很小，使进一步扩大槽口间距成为可能。在承载力和变形许可的前提下，采用部分剪力连接钢—混凝土组合梁具有较好的综合效益。图 3.13 为常见的桥面板簇钉剪力件。

图 3.13　桥面板簇钉剪力件

（3）簇钉群槽口布置间距设计

国外对于簇钉群剪力件运用较早，对于剪力槽口的布置间距也进行了一定的探索。美国俄亥俄州 I-75 公路西桑杜里桥（West Sandury Bridge）的桥面板更换工程，为了降低对交通的干扰，采用全高预制混凝土桥面板组合梁结构体系，桥跨长 170 英尺（约合52m），桥面宽 41 英尺（约合 12m）。横向布置 4 片钢板梁，预制桥面板上剪力槽孔间距为 2 英尺（约合 0.6m）。

美国威斯康星 I-90 州际公路门户河桥（Door Creek Bridge）采用全高预制混凝土桥面板进行改建，该桥桥宽 61 英尺（约合 19m）。通过模型试验研究，在满足桥梁受力要求的前提下将预制板剪力件槽孔间距放大到 4 英尺（约合 1.2m）。

国内港珠澳大桥浅水区非通航孔桥采用 85m 跨径连续组合钢箱梁，6 孔一联。组合梁下部为开口钢箱梁，上部为 19 块全高预制混凝土桥面板，通过簇钉群剪力件和预应力束进行组合，簇钉群中心间距为 1m。

江苏常州平陵大桥采用了预制混凝土桥面板组合梁体系，该桥为 71m + 110m + 71m 三跨连续钢—混凝土组合箱形梁。主梁由预应力混凝土桥面板与槽形钢梁组合而成，组合梁剪力连接件为簇钉剪力件，槽孔中心间距 1m。

我国《钢结构设计规范》（GB 50017—2017）以及《钢—混凝土组合桥梁设计规范》（GB 50917—2013）对于剪力件间距的规定与欧洲组合结构规范 EC4 相似，国内的限值相对保守，单个剪力连接件最大间距为 400mm，对于簇钉剪力件槽孔间距并未做明确规定。

组合梁的剪力槽口间距直接影响层间滑移的大小,理论上槽口间距越小,层间滑移越小,反之越大。以剪力连接度一致,槽口间距由 0.3~1.2m 的四组模型为例,不同槽口间距对应的极限承载力基本相同,增大剪力槽孔间距,对应组合梁极限承载力影响不大。在弹性阶段,将槽孔间距由 300mm 放大到 1200mm,跨中截面弹性刚度下降 3.2%,可见槽口间距扩大至 1.2m 可以满足组合梁承载力要求。在塑性阶段,层间滑移增加 0.67mm,对钢混结合面层间滑移影响程度较低。图 3.14 列出了有限元模型计算的部分结果。

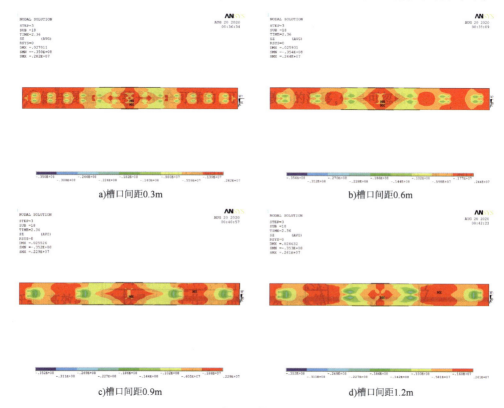

图 3.14 有限元模型部分结果图

目前国内也有专家认为保证剪力连接度不小于 0.7,槽口内采用不同的剪力钉布置形式,剪力槽孔间距有望放大到 2m。然而,对于实际桥梁工程,正常使用阶段受到汽车等活荷载作用,增大剪力槽孔间距对组合梁动力及疲劳受力性能影响有待进一步研究,因此结合现有研究,认为剪力槽口平均布置时,间距一般不大于 1.2m。

3)簇钉槽孔构造设计

(1)槽孔分类与设计建议

装配式钢混组合梁簇钉剪力槽口按照形状可以划分为矩形槽、圆形槽和暗槽,其构造及说明见表 3.6。

剪力槽口构造分类与说明　　　　　　　　表3.6

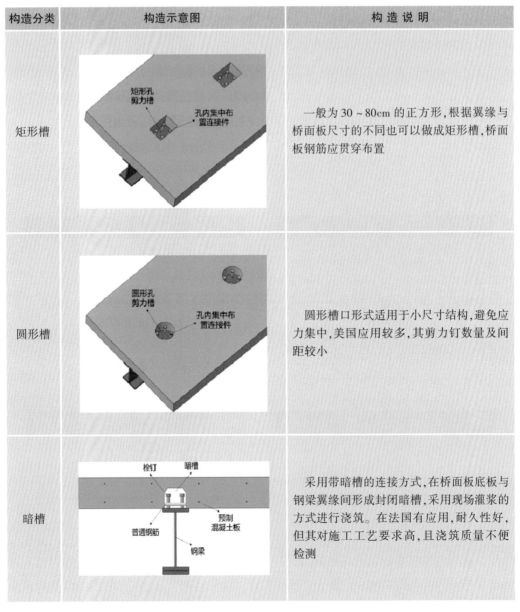

构造分类	构造示意图	构 造 说 明
矩形槽		一般为30~80cm的正方形,根据翼缘与桥面板尺寸的不同也可以做成矩形槽,桥面板钢筋应贯穿布置
圆形槽		圆形槽口形式适用于小尺寸结构,避免应力集中,美国应用较多,其剪力钉数量及间距较小
暗槽		采用带暗槽的连接方式,在桥面板底板与钢梁翼缘间形成封闭暗槽,采用现场灌浆的方式进行浇筑。在法国有应用,耐久性好,但其对施工工艺要求高,且浇筑质量不便检测

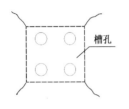

图3.15　槽孔裂缝分布图

矩形槽孔在实际工程中,槽口边缘易因为应力集中导致端部出现开裂情况,如图3.15所示。

因此,为减少槽孔边角的应力集中,建议将其设置成圆角倒角,并在槽孔四周边角设置八字形加强筋,有效抑制槽孔处裂缝的开展,同时剪力钉槽孔可做成倒梯形台的形式,能提高剪力件的抗拔能力(图3.16)。

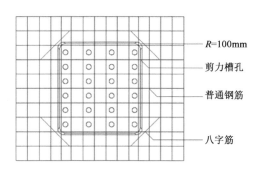 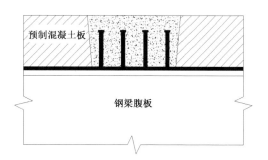

图 3.16　剪力槽孔构造图(一)

针对剪力钉与槽孔边缘的间距,目前规范中尚未作出规定,通过调研并且考虑剪力槽浇筑施工便捷性,建议最外侧剪力钉中心间距至槽孔边缘的距离不得小于 50mm。

图 3.17 中,b 为钢梁上翼缘宽度;d_1 为槽孔边缘至钢梁边缘的距离,该距离需大于密封橡胶条的宽度,目前工程中橡胶条宽度一般为 50mm,因此 $d_1 \geq 50$mm;d_2 为外侧剪力钉中心间距至槽孔边缘的距离,$d_2 \geq 50$mm。

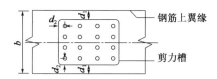

图 3.17　剪力槽孔构造图(二)

(2)密实性构造设计

装配式钢混组合梁设计过程中无剪力槽区域间隙必须填充密实,以保证钢主梁给桥面板提供均匀的支撑,避免桥面板集中受力。因此,如何保证板梁结合面密实性是一个值得重视的问题。目前,针对结合面无钉区密实性处理的方法主要有两种:铺浆法和灌浆法,如图 3.18 和图 3.19 所示。

铺浆法是先在钢翼缘上铺设砂浆,再架设桥面板,通过桥面板自重把砂浆压实,从而使板梁结合面达到密实状态。该方法需要施工人员对钢梁上翼缘的每一个非剪力钉群区域进行砂浆的铺设,施工费时费力,且施工人员的作业安全性较差。另外,在利用预制桥面板压缩橡胶条和砂浆的过程中,对预制桥面板架设的操作要求较高,若此操作不当,可能会导致橡胶条受压不均而脱空或者砂浆与桥面板接触不紧密等后果。

灌浆法是在桥面板架设后,在桥面板底面与钢梁上翼缘之间灌注砂浆使板梁结合面达到密实状态。预制桥面板架设之前,在钢梁上翼缘两侧边缘粘贴纤维板条或者角钢作为侧模,形成一个高 1~4cm 的承托。之后架设桥面板,使桥面板底面与侧模顶边贴紧。

在桥面板端部的剪力槽中灌注砂浆使砂浆沿承托流动,到达下一个剪力槽,继续灌注,直到砂浆从承托末端的预留孔溢出,即表示灌注密实。

 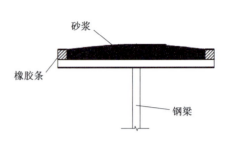

图 3.18　铺设砂浆

 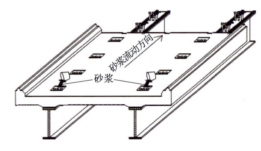

图 3.19　端部剪力槽灌浆

与铺浆法相比,灌浆法施工更高效,但是为了保证填充密实,应根据钢梁上翼缘的纵横坡在侧模处设置更多的排气孔,并且选择流动性好的自密实混凝土作为填充料。

3.3.2　预制桥面板连接

1)湿接缝常见结构形式分类

桥面板湿接缝对桥面板之间力的传递以及荷载的横向分布起着十分重要的作用。由于预制混凝土桥面板与现浇湿接缝之间存在着新老混凝土的结合面,使得结合面周围桥面板的抗弯拉性能降低,所以桥面板湿接缝是桥面结构中十分重要却相对薄弱的构造。

根据已有的研究成果以及工程实际应用,湿接缝构造可以分为以下类型:

(1) 按照湿接缝位置划分

预制混凝土桥面板湿接缝按照位置不同通常有两种布置形式：一种是将两块待连接的预制桥面板安装在钢主梁的上翼缘或直接支撑在横梁上；另一种湿接缝位于钢梁翼缘外，其结构形式见表3.7。

湿接缝构造形式及说明　　　　　　　表3.7

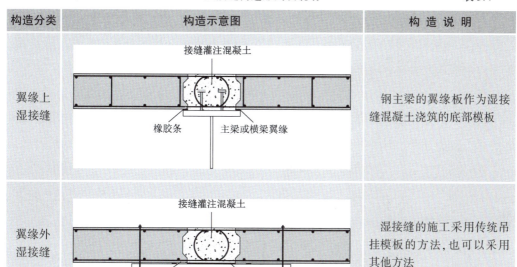

构造分类	构造示意图	构造说明
翼缘上湿接缝		钢主梁的翼缘板作为湿接缝混凝土浇筑的底部模板
翼缘外湿接缝		湿接缝的施工采用传统吊挂模板的方法，也可以采用其他方法

(2) 按湿接缝方向划分

按照湿接缝的方向划分，可分为纵向湿接缝和横向湿接缝，纵向湿接缝沿着行车方向，如装配式π形组合梁，而横向湿接缝垂直于行车方向，如双主梁组合梁桥面板。其中，纵向湿接缝主要传递梁与梁之间的剪力及弯矩；横向湿接缝，尤其是处于负弯矩区的横向湿接缝传递弯矩和拉力，以承受拉力为主。工程应用如图3.20所示。

a) 横向湿接缝　　　　　　　　　　b) 纵向湿接缝

图3.20　按方向划分湿接缝构造

(3)按湿接缝材料划分

按照接缝中钢构件的不同,可以把接缝构造分为钢板湿接缝、普通钢筋湿接缝和预应力钢筋湿接缝。

①焊接钢板湿接缝

美国犹他州交通运输局(UDOT)在预制桥面板的标准中,使用类似上述新型焊接钢板湿接缝作为标准湿接缝,如图3.21所示。在实际使用中,由于该湿接缝的抗弯承载力较低,而且钢板纵向间距较大导致传力路径不连续,所以湿接缝的开裂渗水情况较严重。美国的一些地区通过在湿接缝上设置一层钢筋混凝土现浇层的方法可解决湿接缝开裂的问题,但是会相应地增加工期和成本。在美国,虽然该湿接缝已成为常用的形式,但AASHTO中并没有关于该湿接缝的设计规定,且该湿接缝的疲劳问题一直没有得到深入的研究。因此,设计者往往建议在小车流量的桥梁中使用该湿接缝。

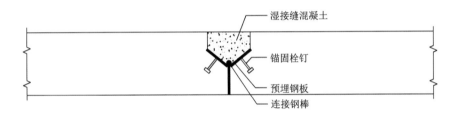

图3.21 UDOT标准湿接缝构造

②栓接钢板湿接缝

栓接钢板湿接缝(Bolted Connection)是一种新型的湿接缝形式,湿接缝由螺栓、预埋钢板、锚固栓钉和接缝混凝土构成,如图3.22所示。现阶段关于栓接钢板湿接缝的研究和应用较少,且仅有的研究成果也只是基于试验现象所得,未对湿接缝的受力机理进行研究。

与焊接钢板湿接缝相比,栓接钢板湿接缝的施工速度更快,且更有利于桥面板的拆除与更换,但同时,栓接钢板湿接缝需要更高的制作和施工精度,若误差过大,可能会导致钢板连接困难和钢板连接后桥面板产生自内力。栓接钢板湿接缝适用于对桥面板安装和拆卸速度有较高要求的工程(如临时结构)。

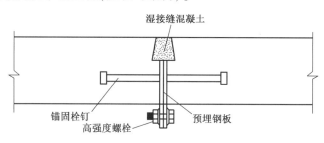

图 3.22　栓接钢板湿接缝构造

③环形钢筋湿接缝

环形钢筋湿接缝(Looped Bar Connection)是使用最广泛的接缝形式,不管是在装配式预制混凝土梁的纵向接缝,还是在预制桥面板的纵横向接缝均有应用。相比直钢筋,环形钢筋具有更小的锚固长度,而且环形钢筋的弯曲部分增加了钢筋与混凝土的接触面积,从而使钢筋与混凝土更好地结合。

环形钢筋湿接缝分为一次搭接和二次搭接两种形式。一次搭接的环形钢筋湿接缝通过预制板块端部的预留环形钢筋相互搭接,并设置贯穿钢筋形成。由于环形钢筋需要有足够的搭接长度,所以接缝宽度通常达 40~50 cm,如图 3.23 所示。二次搭接形式的钢筋不直接搭接,而是在环形钢筋之间使用闭合钢筋与两边的环形钢筋分别搭接,接缝宽度一般达 40~70 cm,如图 3.24 所示。

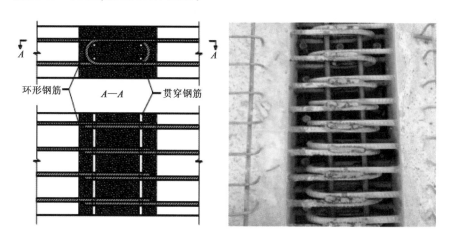

图 3.23　一次搭接的环形钢筋湿接缝

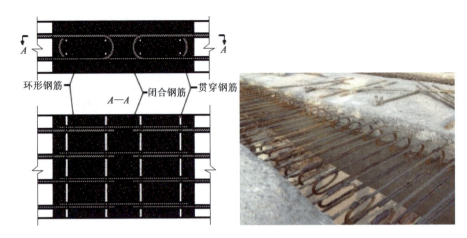

图 3.24 二次搭接的环形钢筋湿接缝

以上两种环形钢筋湿接缝在工程中应用较为广泛,但是均需要现场进行绑扎或者焊接,耗费人力,增加了施工时间,因此,需要提出一种无须绑扎和焊接,可快速施工的环形钢筋连接湿接缝。

④预应力钢筋湿接缝

预应力钢筋湿接缝(Post Tensioned Connection)是通过张拉预应力钢筋的方式在接缝全截面导入预应力的湿接缝形式,如图 3.25 所示。预应力能使湿接缝在整个使用阶段保持受压状态,防止湿接缝出现拉应力或裂缝,同时防止水及有害物质进入湿接缝,从而大大提高湿接缝的耐久性。根据接缝的走向,可以在预制桥面板的全长或全宽范围施加预应力。在桥面板全长范围施加预应力(纵向预应力),除了可以减小位于墩顶负弯矩区的桥面板承受的拉应力,避免桥面板及横向湿接缝开裂外,还可以增大组合梁负弯矩区的承载力;在桥面板全宽范围施加预应力(横向预应力),除了可以减少桥面板及纵向湿接缝的裂缝外,还可以减小板厚和增大主梁间距。

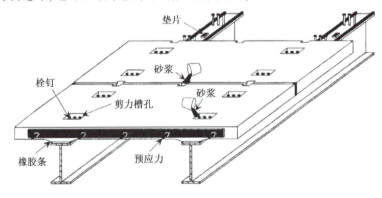

图 3.25 预应力桥面板

表3.8列出了上述几种连接的主要情况。

接缝构造类型总结表　　　　表3.8

连接类型	接缝宽度(cm)	连接方式	性能	施工	适用情况	适用位置
焊接钢板湿接缝	3~13	焊接	抗弯承载力低,易开裂	施工快速,精度要求高	对施工速度要求高,交通流量小	跨中正弯矩区的翼缘外横缝
栓接钢板湿接缝	5~8	栓接	抗弯承载力和破坏模式与螺栓数量和连接钢板厚度有关	施工快速,精度要求高,有利于桥面板更换	对桥面板安装和拆除速度要求高(临时结构)	翼缘外纵缝、跨中正弯矩区的翼缘外横缝
环形钢筋湿接缝	40~70	焊接或绑扎	钢筋搭接长度足够时性能和连续配筋相似	钢筋连接工作量大,钢筋弯折困难	无特殊要求	任何位置
预应力钢筋湿接缝	5~15	预应力钢筋连接	良好的抗弯性能、抗剪性能和抗裂性能	工序多,施工慢	对耐久性和承载能力要求高,但对施工速度要求低	任何位置

2)U形钢筋交错布置湿接缝

预制桥面板伸出U形钢筋与另一侧桥面板U形钢筋在湿接缝内交错布置,U形钢筋重合环内设置横向钢筋,以此实现钢筋之间的可靠传力(图3.26)。该连接方式无须焊接施工方便,重合长度短,可减小接缝尺寸,被欧洲规范(Euro Code)、韩国规范(CEB-FIP Model Code)、英国规范(BS 8110)和新加坡规范(Singapore Code CP)等推荐使用,我国桥梁建设中也在逐渐推广应用。

(1)受力分析

通过对U形钢筋横向湿接缝受力过程的分析,可以知道湿接缝中的主要传力构件包括三部分:一是U形钢筋,二是环内混凝土,三是环内贯穿钢筋。当荷载从桥面板通过预留U形钢筋传来时,力在湿接缝的传递如图3.27所示。

来自U形钢筋的荷载通过钢筋环与混凝土的接触面传递给环内混凝土,环内混凝土受到挤压产生变形,从而将荷载传递至贯穿钢筋,导致钢筋产生变形,钢筋变形后进一步将荷载传递至核心混凝土。湿接缝的强度由 U 形钢筋强度、环内核心混凝土强度以及环内贯穿钢筋强度三者决定。当环形钢筋搭接长度较短时,核心混凝土柱截面较小,此时湿接缝的极限承载力受到混凝土柱的强度控制;当环形钢筋的搭接长度足够长时,核心混凝土柱的截面较大,极限承载力受到钢筋强度的控制;当环形钢筋的搭接长度适当时,核心混凝土柱强度和钢筋强度同时达到极限。

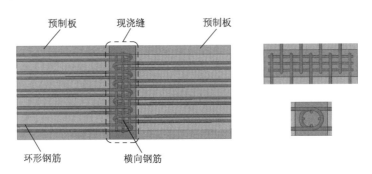

图 3.26　U 形钢筋交错布置湿接缝

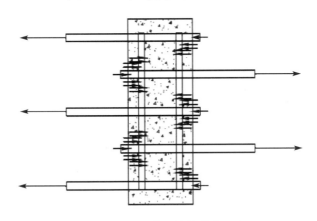

图 3.27　环形钢筋湿接缝传力示意图

（2）拉压杆计算

对于承受轴拉荷载的环形钢筋接缝,较多研究提出了拉压杆受力分析模型。拉压杆模型中湿接缝破坏形式分为环形钢筋屈服、纵向贯穿钢筋屈服以及核心混凝土压溃破坏。湿接缝传力简图如图 3.28 所示。

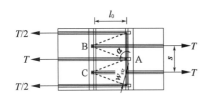

图 3.28　荷载作用下湿接缝受力情况

在荷载作用下湿接缝抗拉强度通过环形钢筋、纵向直筋的屈服强度以及核心混凝土柱的抗压强度控制。湿接缝抗拉承载力的计算如图 3.28 所示。拉压杆模型可以分成多

个等腰三角形,通过静力平衡,拉压杆模型中钢筋与混凝土柱的内力可以表示为:

$$F_{str} = T/2\sin\alpha \tag{3.1}$$

$$F_{ubar} = T \tag{3.2}$$

$$F_{lbar} = T/2\tan\alpha \tag{3.3}$$

式中:F_{str}、F_{ubar}、F_{lbar}——混凝土压杆内力、环形钢筋内力以及纵向直钢筋内力;

　　　　T——拉压杆模型中单个三角形的拉力;

　　　　α——斜压杆与接头钢筋的夹角。

可以通过搭接长度 l_0 以及 U 形钢筋间距 s 之间的几何关系获得。拉压杆计算理论主要适用于环形钢筋的双肢钢筋均位于截面受拉区的情形,桥面板均是按照纯拉或者小偏心受拉构件进行设计。

(3)剪切摩擦计算理论

依据国内外环形钢筋接缝荷载试验研究结果,当接缝强度由现浇混凝土破坏控制时,接缝核心混凝土均呈现贯穿两侧环形钢筋间隙的折线形剪切破坏,剪切面集料碎裂,插销钢筋塑性弯曲,如图 3.29 所示。

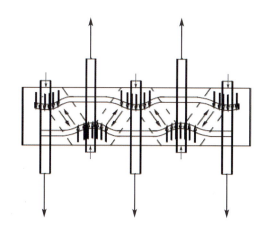

图 3.29　环形钢筋湿接缝剪切破坏示意图

由于环形钢筋及插销钢筋的环箍作用,核心混凝土柱是接缝传力的主要区域。钢筋拉力可视为作用于核心混凝土柱的横向剪力,因此,接缝的破坏机理可等效为混凝土柱的剪切破坏。

针对核心混凝土柱的剪切破坏,可以采用剪切摩擦模型对湿接缝承载力进行分析。按照剪力传递的路径不同,可以把剪切问题分为两类:一类是指剪力造成横穿构件的斜裂缝,称为斜截面剪切;另一类是剪力沿着某一薄弱界面进行传递,称为界面剪切。环形钢筋搭接湿接缝相邻环形钢筋间核心混凝土在荷载作用下的传力途径如图 3.30 所示,存在界面剪切的情况。界面剪切是结构的薄弱环节,针对界面抗剪,国外学者提出了一种摩擦抗剪模型,认为混凝土在剪力作用下出现裂缝后,裂缝面在发生滑移的同时也产生分离,从而在垂直穿过剪切平面的钢筋中产生拉力,拉力的水平分量即为钢筋的销栓作用,可直接抵抗剪力;拉力的垂直分量在钢筋附近的混凝土中产生压力,通过摩擦作用抗剪;裂缝处突出物咬合点的直接承压也是剪力传递的重要途径,当以上三者的抗剪能力之和小于作用剪力时,认为界面失效。

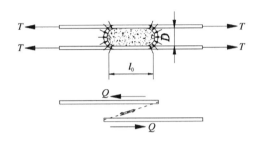

图 3.30 环形钢筋湿接缝剪切摩擦示意图

AASHTO 对于剪切面的抗剪承载力计算规定如下:

$$V_{ni} = cA_{cv} + u(f_{sv,k}A_{sv} + P_c) \tag{3.4}$$

式中:c——混凝土黏结强度;

A_{cv}——环形钢筋交叉重叠部分所围核心混凝土投影平面的净面积;

u——摩擦系数;

$f_{sv,k}$——穿过环形钢筋核心混凝土钢筋的抗拉强度标准值;

A_{sv}——穿过环形钢筋核心混凝土钢筋的计算截面面积;

P_c——剪切面预压力。

参照该公式按照我国混凝土和钢筋的材料分项系数进行修正,可以对 U 形钢筋交错布置湿接缝宽度进行验算。

3.3.3 墩顶负弯矩段连接

连续组合梁突出的两个特点是负弯矩区混凝土容易受拉开裂和钢梁受压容易失稳,这些不利现象在组合梁的连续段支座处容易发生。受压失稳通常是通过设置加劲肋或增加钢板厚度的方法来解决,但是支座处混凝土桥面板容易开裂的问题相对比较困难。支座负弯矩区域混凝土开裂,将导致组合梁截面刚度降低、承载力下降,使得混凝土内部的钢筋锈蚀影响结构的耐久性。针对该问题,国内外进行了广泛研究,通过研究提出了改善负弯矩段混凝土桥面板受力性能的系列措施,主要方法有预加荷载法、强配筋法、连接件法以及改变构造形式(表3.9)。

墩顶负弯矩段主要措辞对比　　　　表3.9

方法类型	具体措施	适用跨径	优点	缺点
预加荷载法	桥面预加载	所有跨径	施工方便	预应力效果有限,施工周期长
	调整支点高程	所有跨径	施工方便	预应力效果有限,需要特殊施工设备
	设置预应力钢筋	≥40m	预应力效果明显,负弯矩段无开裂	预应力部分转移,施工过程复杂
强配筋法	提高负弯矩段配筋率	≤40m	施工方便、造价低	负弯矩段存在裂缝
连接件法	抗拔不抗剪	所有跨径	施工方便	缺乏统一标准
	开孔钢板	所有跨径	结构刚度大	施工过程复杂,造价较高
改变构造形式	改变下部结构支撑形式	≥40m	施工方便	桥墩需特殊设计
	双层组合结构	≥40m	结构抗弯刚度大	施工过程复杂,造价较高

对于跨径≤40m的中小跨径装配式组合梁,工程中多采用强配筋法。通过加强负弯矩区混凝土桥面板内的普通钢筋配筋量,控制混凝土板裂缝宽度在限值以内。此方法实施最为简便、经济性较好,但需要做好负弯矩区的防水措施。

根据工程计算分析及工程经验,若钢筋应力在100MPa以下时,配筋率在1%以上,混凝土裂缝宽度一般可以限制在0.2mm以下。钢筋应力在180~200MPa时,若配筋率在1.5%以上,周长率在0.04cm/cm^{2}以上,可将混凝土裂缝宽度限制在0.2mm以下。

3.4　工程应用

湖北省江北东延线高速公路4座桥梁上部结构设计为装配式π形组合梁,跨径布置为30m,桥梁全长约10km,桥宽12.75m、16.5m两种,采用先简支后桥面连续结构。单榀梁由两片工字钢与普通钢筋混凝土桥面板组成,共计1284榀,单榀梁长30m、宽

6.125m、高1.7m、重134.4t。桥梁截面由两榀梁组成,各榀之间通过湿接缝进行连接。以30m跨径、12.75m桥宽为例,主梁截面形式如图3.31所示。

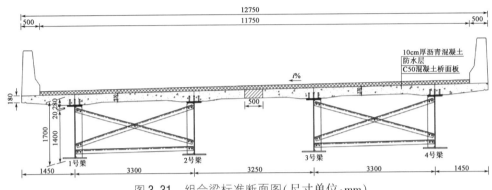

图3.31 组合梁标准断面图(尺寸单位:mm)

单榀组合梁钢主梁间距3.3m,腹板厚度16mm,上翼缘宽度400mm,下翼缘宽度650mm。混凝土桥面板跨中厚230mm,根部厚280mm,湿接缝宽度500mm,采用U形钢筋交错布置。预制桥面板与钢主梁采用簇钉剪力件连接,槽口尺寸500mm×300mm,净间距500mm。墩顶采用桥面连续结构,跨径线两侧2280mm范围内采用C55钢纤维混凝土浇筑,厚度120mm,提升了连续段的耐久性。

3.4.1 主要技术指标

主要技术指标见表3.10。

主要技术指标表　　　　表3.10

桥梁设计基准期	100年
设计使用年限	100年
设计安全等级	一级
汽车荷载等级	公路—Ⅰ级、城—A
环境类别	Ⅰ类

3.4.2 主要材料

1) 钢材

钢材选用Q355,其质量应符合国家标准《低合金高强度结构钢》(GB/T 1591—2018)的规定,质量等级应根据桥梁工作温度所需要的冲击韧性确定。

2）混凝土

预制混凝土桥面板强度等级不低于 C50，其技术标准应符合国家标准《混凝土结构设计规范(2015 年版)》(GB 50010—2010)、行业标准《公路钢筋混凝土及预应力混凝土桥涵设计规范》(JTG 3362—2018)、行业标准《公路桥涵施工技术规范》(JTG/T 3650—2020)的规定。

现浇湿接缝及剪力槽均采用补偿收缩混凝土，强度等级不低于预制桥面板，限制膨胀率 $4\times10^{-4}\sim6\times10^{-4}$，混凝土技术标准应符合行业标准《补偿收缩混凝土应用技术规程》(JGJ/T 178—2009)的规定。

3）普通钢筋

采用 HPB300、HR400 级钢筋及冷轧带肋焊接钢筋网，其技术标准应分别符合国家标准《钢筋混凝土用钢 第 1 部分：热轧光圆钢筋》(GB/T 1499.1—2017)、《钢筋混凝土用钢 第 2 部分：热轧带肋钢筋》(CB/T 1499.2—2018)、《钢筋混凝土用钢 第 3 部分：钢筋焊接网》(GB/T 1499.3—2010)的规定。

4）橡胶条

密封桥面板和钢梁上翼缘结合面两侧采用橡胶条密封，其材料力学性能指标见表 3.11。

材料力学性能指标表　　表 3.11

检验项目		检验方法	技术要求
硬度(Shore A)		GB/T 531(ISO 8619-1:2010)	60±5
拉断伸长率		ISO 37:1994	≥300%
拉伸强度(MPa)			≥14
无割口直角撕裂强度(kN/m)		ISO 34-1:2010	≥25
脆性温度		GB/T 1682	≤−45
恒定压缩永久变形(室温,24h)		GB/T 7759(ISO 815:2008)	≤20%
热空气老化(70℃,168h)	硬度变化(Shore A)	GB/T 3512(ISO 188:2008)	−5～+10
	扯断伸长变化率		≤25%
	拉伸强度变化率		≤15%
耐臭氧老化(40℃,48h,拉伸 20%,200pphm)		ISO 1431-1:2009	无龟裂
耐水性增重率		GB/T 1690	≤4%

5）高强度螺栓

高强度螺栓采用 10.9S 级，M24 和 M20 高强度螺栓材质采用 20MnTiB；螺母、垫圈采用 45 号优质碳素钢。高强度螺栓、螺母、垫圈的尺寸、技术条件应符合国家标准《钢结构用高强大六角头螺栓》（GB/T 1228—2006）、《钢结构用高强度大六角螺母》（GB/T 1229—2006）、《钢结构用高强度垫圈》（GB/T 1230—2006）的规定，热处理后材料的机械性能应符合国家标准《钢结构用高强度大六角头螺栓、大六角螺母、垫圈技术条件》（GB/T 1231—2006）的规定。

3.4.3 设计要点

1）设计参数

①钢材：重度 $\gamma = 78.5 \text{kN/m}^3$，弹性模量 $E_s = 2.06 \times 10^5 \text{MPa}$。

②混凝土：重度 $\gamma = 26.5 \text{kN/m}^3$，弹性模量 $E_c = 3.55 \times 10^4 \text{MPa}$。

③沥青混凝土：重度 $\gamma = 24.0 \text{kN/m}^3$。

④护栏：10.0kN/m（单侧）。

⑤竖向梯度温度效应：按现行规范规定取值。

⑥收缩：按现行规范规定计算。

⑦徐变：按规范考虑徐变引起的截面应力重分布和挠度的长期效应。

⑧年平均相对湿度：55%。

2）结构设计

①主梁采用多工字钢板组合梁，混凝土桥面板和钢主梁采用焊钉连接，主梁间采用栓接横梁加强横向联系。

②结构计算时考虑徐变引起的桥面板应力和内力重分配。

③结构设计采用空间梁格单元方法建立有限元模型，并用实体、板单元模型进行复验和对比分析。

④预制桥面板需存放 3 个月以上，以减小混凝土收缩徐变的影响；预制桥面板在剪力钉所在的位置挖空形成预留槽。

⑤组合梁的作用效应与分析方法符合行业标准《公路钢混组合桥梁设计与施工规范》(JTG/T D64-01—2015)第7.1条规定,桥面板有效宽度按国家标准《钢—混凝土组合桥梁设计规范》(GB 50917—2013)第4.1.5的规定计算。

3.4.4 耐久性设计

1)混凝土耐久性设计

混凝土的耐久性指标(强度等级、配合比、氯离子含量、碱含量和硫酸盐含量)应符合行业标准《公路工程混凝土结构耐久性设计规范》(JTG/T 3310—2019)的规定。

2)钢结构耐久性设计

涂装防腐体系参照《公路桥梁钢结构防腐涂装技术条件》(JT/T 722—2008)执行,按长效型设计,要求保护年限至少达到25年。

钢梁和其构件在出厂前应完成全部底漆(中间漆)和至少第一道面漆的涂装,最终面漆的涂装由施工单位根据施工工艺要求决定涂装时间。现场拼焊部位的涂装施工单位应专门制订施工工艺。

3.4.5 应用情况

1)钢梁制作

委托具有资质的厂家加工钢梁,为保证钢结构的质量,需在正式加工前全面审查图纸,评定其工艺可行性,针对不足之处进行修改。待敲定方案后由加工厂按照图纸内容加工,要求各产品分别有特定的质量合格证以及相关资料,图3.32为工厂制作相关情况。

钢梁预拱度采用抛物线进行设置,预拱度通过主梁节段线位置钢梁顶、底板的伸缩量形成。剪力钉焊接应满足《栓钉焊接技术规程》(CECS 226—2007)的要求。

厂内试拼装要求板层形成紧密贴合的关系,需利用试孔器详细检查开设的各螺栓孔,拼接区域不可出现相互抵触的问题。经过全面检验后,若无误,则将加工的钢结构转至施工现场,用于正式安装。

图 3.32　钢梁工厂制作

2）桥面板预制

项目混凝土桥面板数量为 10512 片，全部采用工厂化集中预制。制作工艺须按相关技术规范和设计要求进行，桥面板平整度须小于 ±3mm，用 2.0m 的靠尺检验，板厚公差为 0~3mm，桥面板对角相对高差须小于 5mm。预制板存放临时支点设置在钢梁腹板对应位置。桥面板存放期间，须对外露的钢筋采取保护措施，桥面板存放时间控制在 3 个月以内。

预制桥面板生产线流水化作业，尺寸精度控制好、自动化程度高，日均产值达 52 片，大幅提高了生产效率，保证了产品质量，如图 3.33 所示。

图 3.33　预制桥面板生产线

3）现场组拼

在桥位处台座上将钢构件及预制桥面板组拼形成组合截面，工字形钢梁按 2 片一榀,钢构件采用螺栓连接进行组拼,并安装榀内钢横撑,如图3.34所示。在钢梁顶面叠合预制桥面板,浇筑横向湿接缝,灌注剪力钉槽口内混凝土,形成单榀钢混组合梁。

图3.34 现场组合梁组拼

4）吊装架设

预制组合梁采用设吊孔穿束兜梁底的吊装方法。吊点设在梁端隔板支座附近,捆绑钢丝绳与梁片底面、侧面的拐角接触处必须安放护梁铁瓦或胶皮垫。预制梁运输、起吊过程中,应注意保持梁体的横向稳定。架设后应采取有效措施加强横向临时支撑,并及时连接梁间横撑等,以增加梁体的稳定性和整体性。吊装时,施工单位应结合实际吊装方式及吊点位置,对钢梁局部位置进行加强,如图3.35所示。

图3.35 钢混组合梁吊装施工图

5）实施效果

项目钢混组合梁每2片工字钢为一榀,将其视为单个起吊单元,配备架桥机,利用该装置完成钢混组合梁的架设作业,施工机械的性能优势得到有效发挥,资源投入与产出成正比。调整榀间湿接缝的宽度可以有效适应各种桥宽,避免了结构尺寸调整难度大、局部构造不合理等问题。机械化程度的提高节省了人力资源,施工安全性得到保障。桥梁建成后对上部结构进行了外观检查、线形测量及静动载试验(图3.36),根据试验检测结果,上部结构在各静载试验工况下实测应变、挠度与理论分析值吻合较好,且校验系数均小于1,实际承载能力满足设计要求,同时在各动载工况试验下梁体的振动波形平滑,结构具有良好的动力工作性能。

图3.36 现场荷载试验

该项目是湖北省首个实施工业化桥梁快速建造技术的项目,与传统施工方式相比,装配式结构对人员、技术、材料、机械等都提出了更高的要求。桥梁的主要构件通过工业化制造,提高了产品质量,降低了混凝土用量,更加绿色环保;集中预制加工,现场快速安装,施工周期相比传统现浇方案可缩短50%左右。采取标准化设计、工厂化制造、装配化施工、智能化管理,桥梁外观和内在质量均有一定的提升。

第 4 章
CHAPTER 4

桥墩设计与关键构造

近年来装配式桥墩在国内发展迅速,已有灌浆套筒、灌浆金属波纹管、承插式、插槽式、湿接缝式、预应力钢筋等多种连接方式,其技术关键在于设计与施工是否匹配一致,工效是否最佳。轻型装配式桥墩具有构件重量轻、拼装冗余度大、施工速度快、工程经济优等特点,适合与装配式上部结构同步安装。本章概括介绍了装配式桥墩的设计原则及要求,重点介绍了承插式连接的轻型装配式桥墩的连接设计、结构分析、试验验证及工程应用情况。

4.1 设计原则及要点

4.1.1 结构设计原则

装配式桥墩的设计应综合考虑预制、运输、安装、养护等因素,采用结构合理、经济美观、方便快捷且便于维护的方案。为了体现预制结构规模化效益,构件设计应遵循标准化和集约化原则,减少非标构件的使用。连接部设计是装配式桥墩设计的关键,应注重细部构造设计,满足预制拼装的精度要求,确保预制节段之间拼装时的精确匹配和连接可靠。

装配式桥墩计算内容与现浇桥墩基本相同,关键在于接缝截面及接缝部位的计算,包括持久状况下的结构承载能力极限状态、正常使用极限状态以及持久状况和短暂状况构件的应力三部分内容,具体应符合下列要求:

①在进行持久状况承载能力极限状态计算时,作用(或荷载)的效应应采用基本组合,立柱应作为压弯构件进行承载能力计算,盖梁应作为受弯构件进行承载能力计算。

②在进行持久状况正常使用极限状态计算时,应采用作用(或荷载)的短期效应组合、长期效应组合或短期效应组合并考虑长期效应组合的影响,对立柱和盖梁进行抗裂、裂缝宽度和变形的验算。

③在进行持久状况和短暂状况构件的应力计算时,作用(或荷载)除有特别规定外均采用标准值,汽车荷载应考虑冲击系数,对立柱和盖梁进行持久状况和短暂状况的应

力验算。

由于装配式桥墩的抗震设计研究刚刚起步,装配式桥墩宜用于基本地震动峰值加速度为 $0.1g$ 及以下地区,对于基本地震动峰值加速度为 $0.1g$ 以上地区的装配式桥梁,当传统的延性设计难以满足抗震需求时,推荐在桥梁上部结构和下部结构之间设置减隔震系统,降低结构的地震反应。在 E1 和 E2 地震作用下的抗震分析,应按照《公路桥梁抗震设计规范》(JTG/T 2231-01—2020)的规定建立桥梁结构的空间动力计算模型,并对接缝的力学特性进行模拟。

4.1.2 设计要点

1)连接设计

国内外的研究人员和工程设计人员依据桥型特点、施工条件和所处工程环境等因素,提出了多种装配式桥墩连接构造,通常这些连接构造主要考虑三个方面的要求:

①尽可能地减少现场施工的作业量;
②预制立柱在压力和弯曲作用下的静力性能和抗震性能;
③运营条件下的使用功能和耐久性等。

从国内文献资料看,按照拼装桥墩连接构造特点分类,常见的拼装连接构造形式有灌浆套筒连接、灌浆波纹管连接、承插式连接、钢筋插槽式连接、湿接缝连接、后张预应力筋连接以及混合连接等。在建的装配式桥墩较少采用干接缝构造,这主要是出于耐久性的考虑,一些已建工程表明,干接缝构造易导致接缝附近预应力筋等遭受腐蚀,结构耐久性差。常用连接方式及适用范围见表 4.1。

连 接 构 造 表   表 4.1

序号	连接方式	适用范围
1	灌浆套筒连接	墩柱与盖梁、墩柱与承台、墩柱节段间
2	灌浆波纹管连接	墩柱与盖梁、墩柱与承台
3	承插式连接	墩柱与盖梁、墩柱与承台
4	钢筋插槽式连接	墩柱与盖梁、墩柱与承台
5	湿接缝连接	墩柱与承台、墩柱节段间、盖梁节段间
6	后张预应力筋连接	墩柱与盖梁、墩柱与承台、墩柱节段间、盖梁节段间

2)构件设计

预制桥墩涉及以下构件单元:桩基、承台、桩间系梁、立柱、柱间系梁及盖梁,柱间系梁和墩身高度有关。桥墩的预制构件设计,应统筹考虑结构方案、预制、运输、拼装之间的关系,并根据工程实际情况确定合理的构件尺寸和形状,遵循标准化和模数化的原则。桥梁桥墩预制拼装方案和预制能力、运输能力、拼装场地条件、吊装能力等因素关系密切,特别是公路装配式桥梁,受施工便道和桥位处地形限制,构件尺寸和重量不能太大,因此,在设计阶段须加强和施工单位的沟通协作。为了实现标准化、集约化生产,构件形式应尽量统一,不仅可以简化模板系统,而且可以提高制造加工效率,同时提高生产质量,充分发挥工厂化制造的优势。图4.1给出下部结构桥墩预制节段可能的构件划分。

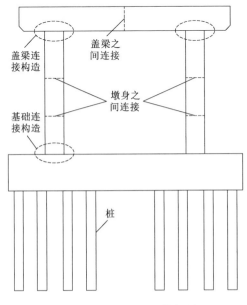

图4.1 下部结构构件节段划分

4.2 轻型装配式桥墩连接设计

轻型装配式桥墩连接设计包含墩柱与盖梁的连接、墩柱与承台的连接以及墩柱之间的连接。墩柱与盖梁采用灌浆套筒、灌浆波纹钢管的连接技术较为成熟,目前国内城市装配式桥梁多为此构造,墩柱之间的连接除采用灌浆套筒外,还可以采用钢法兰连接,但应用较少。本书主要介绍墩柱与承台的承插式连接形式。

轻型装配式桥墩承插式连接(图4.2)的主要技术特点是:①用大直径波纹钢管在混凝土承台形成承插槽,预制空心混凝土管墩直插入波纹钢管承插槽;②管墩与波纹钢管之间只留5cm窄缝;③管墩与波纹钢管之间用高性能填缝砂浆灌注填充。

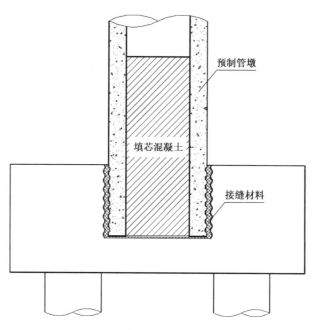

图 4.2　预制空心管墩承插式连接

4.2.1　有限元模型建立

目前针对桥墩的研究以数值模拟和模型试验为主,拟静力循环加载试验可以通过有限元来进行更深的模拟分析,使用大型通用有限元软件 OpenSees 对预制拼装桥墩模型试验进行数值模拟分析,最后对桥墩结构承插深度进行理论分析。

1) 材料本构模型选择

OpenSees 中常用 Steel02 来模拟钢筋本构关系,该本构关系能充分体现出试验滞回曲线的捏拢效应和大位移加载下的强度退化效应,模拟的滞回曲线更加圆滑且与试验结果接近。混凝土的模拟则常采用 Concrete02,该本构关系的参数较少,但物理意义明确,最重要的是能够考虑加载和卸载过程的刚度退化,以及混凝土材料的滞回耗能,其本构模型可在相关文献中获取,此处不再赘述。其中混凝土包含非约束混凝土和约束混凝土两种,非约束混凝土本构关系按照材料试验的特征值确定,而约束混凝土本构关系则需根据材料试验以及 Mander 约束混凝土本构模型确定。

2) 有限元模型的力学模型

连接设计力学模型的建立关键在于能否反映承台对不同插入深度管墩的约束作用,

并考虑填缝灌浆料的黏结性能。由于灌浆料为 M80 高强无收缩水泥砂浆,其力学性能类似于混凝土,强度主要在于抗压强度而不考虑其抗拉强度,因此可以认为只受压不受拉。

考虑到桥墩与基础承台的承插式连接与桩土结构相互作用相似,而桩在水平荷载作用下的分析常用地基反力系数法。这一方法基于文克勒地基模型,把承受水平荷载的单桩视作弹性地基(由水平向弹簧组成)中的竖直梁,通过求解梁的挠曲微分方程计算桩身弯矩、剪力以及桩的水平承载力。承台通过灌浆料对承插段管墩的约束作用与桩周土严重风化后对嵌岩桩的约束作用极为相似,其水平承载能力仅靠嵌岩段提供,因此可以参考《公路桥涵地基与基础设计规范》(JTG 3363—2019)中关于嵌岩桩的相关规定来模拟管墩的边界条件,以计算承插孔壁的分布力。

综上,预制管墩部分采用非线性纤维单元进行模拟;承插式连接部分借鉴桩土作用的弹簧来模拟,并假设基础承台绝对刚性,桥墩周围与承台之间采用水平弹簧单元连接,通过不同弹簧数目来考虑不同承插深度对桥墩力学性能的影响,桥墩底部则采用竖向弹簧单元连接模拟承台底板对桥墩竖向的约束作用。其中模拟灌浆料的弹簧采用只受压不受拉的 ENT (Elastic-No Tension)材料(图 4.3)。

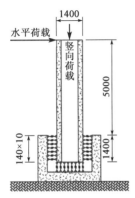

图 4.3　力学模型示意图
（尺寸单位:mm）

弹簧参数的确定是数值模拟的关键。弹簧模拟分两个部分,即水平弹簧和竖向弹簧。其中水平弹簧包含水平轴向刚度用于模拟孔壁的水平约束作用以及竖向剪切刚度用于模拟剪力键和摩擦力的竖向约束作用,竖向弹簧只含竖向轴向刚度用于模拟墩柱端部的支承作用。由于假定墩柱端部可以滑动,因此不考虑墩柱端部的水平剪力提供的水平约束作用。鉴于竖向刚度会影响水平刚度,而水平刚度对竖向刚度影响很小,因此先确定竖向刚度再确定水平刚度。对于竖向刚度,首先根据试件的竖向加载曲线分别得到竖向弹簧的轴向刚度 $1.9 \times 10^2 \text{kN/mm}$ 和水平弹簧的剪切刚度 $1.3 \times 10^2 \text{kN/mm}$。对于水平刚度,因为承插深度比桩的埋深小得多,可以认为承插段的横向约束来自同一个土层,即各个水平弹簧取为等刚度。此外,水平弹簧刚度的大小直接影响桥墩的加载曲线,因此可以依据试验的加载曲线定出其刚度值;另一方面,弹簧刚度偏大则会导致承插壁的应力集中于承台顶部且应力值极大,与实际情况不符。因此,需要结合试验现象综合确定弹簧刚度。如图 4.4 所示,其试验构件在水平弹簧轴向刚度 $K = 1.6 \times 10^3 \text{kN/mm}$ 时,数值模拟与试验结果相吻合,此时孔壁最大应力约为 66MPa。

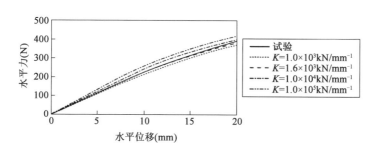

图 4.4 初始刚度

4.2.2 试验模型设计

1)模型设计

以墩柱与承台连接的区域为研究对象,根据受力特点,选取墩柱水平荷载受力时反弯点以下的桥墩和承台进行模型设计(图 4.5)。该工程的墩高范围是 7~13m,以墩高 10m 的桥墩方案为原型,按照相似比 1/2 和双柱墩的受力特点,加载中心到墩底的高度确定为 2.45m。模型截面宽度为 0.7m,模型加载高宽比为 3.5。缩尺后管墩直径 0.7m,壁厚 12.5cm。管墩承台原型尺寸为 420cm×420cm×150cm,中间有预留孔洞,为直径 154cm、高 100cm 的波纹圆柱孔洞。

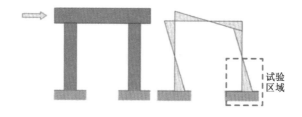

图 4.5 试验区域选择

承台尺寸为 210cm×238cm×75cm,孔洞尺寸为 77cm,高 50cm。承台底部布置和桩基础相同数量和尺寸的钢筋混凝土圆柱,伸出承台 20cm。试件构造如图 4.6 所示,原型和模型的配筋率和配箍率均相同。原型桥墩轴压为 7734kN,外径为 1400mm,内径为 900mm,混凝土为 C70,配置 36ϕ28 + 18ϕ16 纵筋,核心区为 C30,螺旋箍筋 ϕ10,间距为 100mm。模型桥墩轴压为 1935kN,配置 18ϕ20 + 9ϕ10 纵筋,螺旋箍筋直径为 6mm,箍筋间距为 7.5cm。

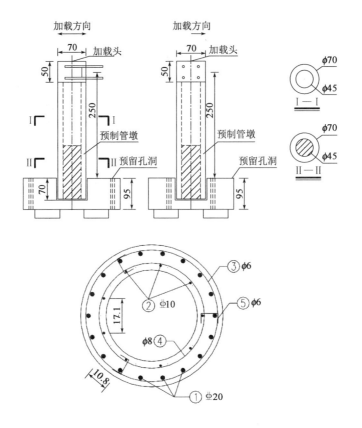

图 4.6　试件构造图(尺寸单位:cm)

2）加载方案

试验加载设备是 10000kN 电液伺服大型多功能结构试验系统,如图 4.7 所示,可以在竖向力不变的情况下加载水平力,模拟墩柱、承台和连接的实际受力情况。通过计算得到原型桥墩在恒载作用下的墩柱轴力以及模型的恒载轴力,最终确定试验试件的竖向荷载为 7734/4 = 1933.5(kN)。即先对墩柱施加此竖向设计轴力,再施加横向循环位移荷载,加载方案如图 4.8 所示。水平加载初期采用力控制,待钢筋屈服或者荷载位移曲线出现明显转折后采用位移控制,直到试件达到指定的位移或者荷载下降到最大荷载的 85%。

3）试件描述

试验主要研究预制拼装桥墩与承台的承插式连接的可靠性,分别对其进行压弯性能研究,部分试件在压弯破坏后进行轴压加载至破坏。表 4.2 为对各个试件情况的简要描述。

图 4.7　试验加载装置

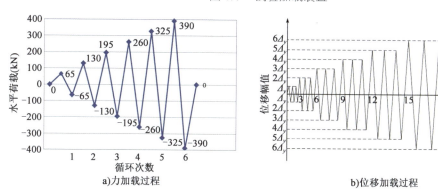

a)力加载过程　　　　　　　　　b)位移加载过程

图 4.8　加载方案

试验构件一览表　　　　　　　　　　　表 4.2

编号	试 件 名 称	主要试验研究内容	加载方式
S1 试件	现浇空心墩柱	与直径 1.4m 的空心 C70 混凝土现浇墩柱方案对应,作为墩柱压弯力学行为的比较基准	压弯加载
S2 试件	考虑桩基础的承插式预制空心桥墩	与直径 1.4m 的空心 C70 混凝土预制墩柱方案对应,研究考虑桩基础的承插式预制拼装桥墩的压弯性能、裂缝开展、抗震性能及损伤机理等	
S3 试件	承插深度 0.5D 的预制空心桥墩	在 S2 试件的基础上,将墩柱承插深度调整为 0.5D,研究承插深度对桥墩压弯能力的影响	
S4 试件	承插深度 1.0D 预制空心桥墩	在 S2 试件的基础上,将墩柱承插深度调整为 1.0D,研究承插深度对桥墩压弯能力的影响	
S5 试件	承插深度 1.5D 预制空心桥墩	在 S2 试件的基础上,将墩柱承插深度调整为 1.5D,研究承插深度对桥墩压弯能力的影响	

续上表

编号	试件名称	主要试验研究内容	加载方式
S6 试件	只考虑承台底板贡献的承插式预制空心桥墩	在 S2 试件的基础上,将承台与预制墩柱接触面上的锯齿波纹状,改为光滑的接触面,只研究墩柱对承台底板冲剪破坏的抗剪能力	轴压加载
S7 试件	只考虑锯齿波纹贡献的承插式预制空心桥墩	在 S2 试件的基础上,将承台对应墩柱位置下方的混凝土全部挖空,只研究锯齿波纹构造对墩柱与承台之间抗剪承载力的贡献	

注:D 为桥墩直径。

4)测点布置

实测项目有 4 项:①塑性铰区域的曲率分布;②塑性铰区域的钢筋应变;③墩身关键位置位移;④水平荷载和竖向压力。

(1)位移测量装置

位移测量系统分为基础滑移测量装置、承台底变形测量装置和墩顶位移测量装置。其中基础滑移测量装置主要用于由于接触不密贴引起的试件位移。承台底位移计测量装置用于测量承台的实际位移,如图 4.9 所示。

图 4.9 承台底位移计布置图

(2)应变测点布置

纵筋和箍筋的应变由电阻应变片测量。在桥墩与承台拼接处的最薄弱区域即塑性铰区域布置应变片。纵筋应变片测点箍筋每 10cm 布置 3 个应变片,金属波纹管应变片布置如图 4.10 所示。

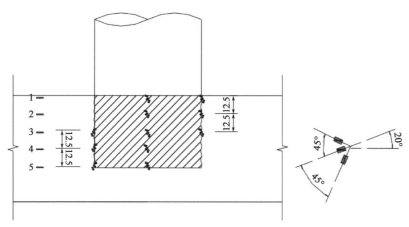

图 4.10 金属波纹管应变片布置图(尺寸单位:cm)
1～5 表示金属波纹管应变片位置

4.2.3 试验现象描述

S1 试件:混凝土核心区轻微外鼓,纵向钢筋屈曲,墩身底部混凝土完全脱落,箍筋失效。破坏区主要集中在柱底接缝处,剥落破坏区高度约为 50cm,即 $0.7D$。北侧有四处箍筋断裂,其中一根纵筋上有两处箍筋断裂,其余两根纵筋上各有一处箍筋断裂,南侧箍筋没有断裂。

S2 试件:混凝土核心区轻微外鼓,纵向钢筋屈曲,墩身底部混凝土完全脱落,箍筋失效。破坏区主要集中在柱底接缝处,破坏区高度约为 50cm,即 $0.7D$。外圈北侧一根纵筋上有三根箍筋同时拉断。内圈也有一处纵筋鼓曲,一处拉钩被拉直。外圈南侧一根纵筋上两根箍筋同时拉断,另外一根纵筋上有两根箍筋拉断。内圈也有纵筋鼓曲。

S3 试件:混凝土核心区轻微外鼓,纵向钢筋屈曲,墩身底部混凝土完全脱落,箍筋失效。破坏区主要集中在柱底接缝处,破坏区高度约为 50cm,即 $0.7D$。北侧正中间一根主筋上两根箍筋断裂,南侧一根纵筋上有三根箍筋同时断,且有一根箍筋上有两处断裂。承台表面北侧,疑似两处灌浆料破损。

S4 试件:混凝土核心区轻微外鼓,纵向钢筋屈曲,墩身底部完全脱落,箍筋失效。破坏区主要集中在柱底接缝处,破坏区高度约为 45cm,即 $0.64D$。南侧有一根纵筋发生四处箍筋断裂,内圈箍筋也有一处断裂。北侧有三处箍筋断裂。

S5 试件:混凝土核心区轻微外鼓,纵向钢筋屈曲,墩身底部完全脱落,箍筋失效。破坏区主要集中在柱底接缝处,破坏区高度约为 45cm,即 $0.64D$。北侧有一处箍筋断裂,南侧有两处箍筋断裂。灌浆料表面也发现有局部轻微破损。

S6 试件:当轴压力加载到 1000kN 时,承台底部发现裂缝,裂缝宽度为 0.062mm;加载到 1935kN 时,裂缝宽度为 0.084mm;加载到 2500kN 时,底部出现两条微裂纹,最大宽度 0.101mm。加载到 10000kN 时,最大裂缝宽度达到 0.45mm。管墩和灌浆料没有发现裂纹。

S7 试件:轴压力加载到 4500kN 时,灌浆料表面发现一条微裂缝,裂缝宽度为 0.033mm;加载到 10000kN 时,该灌浆料裂纹最大宽度 0.08mm。改为偏心受压后:偏心 5cm 加载到 10000kN 时,第一条裂纹宽度为 0.07mm,第二条裂纹宽度为 0.034mm;偏心 10cm 加载到 10000kN 时,第一条裂纹宽度为 0.072mm,第二条裂纹宽度为 0.046mm;偏心 15cm 加载到 9000kN 时,墩顶空心截面破坏。波纹管与承台混凝土之间出现了环状裂纹。

4.2.4 试验数据分析

通过试验数据分析,围绕表征钢筋混凝土结构抗震性能的几个指标,包括荷载—位移滞回曲线、荷载—位移骨架曲线、滞回耗能曲线等,对各种构造桥墩抗震性能的异同进行了描述。

1)荷载—位移滞回曲线

经计算确定该批试件中各个试件最大加载位移约为 90mm(3.8% 偏移率),为便于比较同等偏移率下的结构响应,加载的位移等级增量相同,而且所有试件均加载到水平承载力下降到峰值的 85% 以下,各个试件的荷载—位移滞回曲线如图 4.11 所示。总体而言,各个试件在低荷载阶段,处于弹性阶段,滞回环表现为集中和重叠样式;在高荷载阶段,随着混凝土的开裂、普通钢筋的屈服、混凝土受压剥落等非线性现象的发生,滞回环逐渐拉开,耗能增强。承插式预制拼装桥墩试件与整体现浇试件 S1 的滞回环形状非常相似。预制拼装桥墩的极限荷载与整体现浇非常接近,还有略微偏大的现象;预制拼装桥墩的位移能力要低于整体现浇桥墩,预制拼装桥墩的极限荷载下降速度要快于整体现浇桥墩。

2)耗能能力

各级滞回耗能是指结构在循环荷载下从开始到破坏的各级滞回耗能,即每个滞回环面积大小。每个峰值位移对应的耗能如图 4.12 所示。总体而言,同级位移荷载下,预制拼装桥墩的耗能均大于整体现浇桥墩,但在加载末期,两者耗能趋于接近。说明预制拼装桥墩的损伤略大于整体现浇桥墩。S1 和 S2 试件的耗能能力基本接近,因为两者耗能机制相同,都是混凝土的压碎和钢筋的屈服等。S3 和 S4 试件有峰值拐点,S3 试件是由于承插深度较小,而 S4 试件是因为施工缺陷。

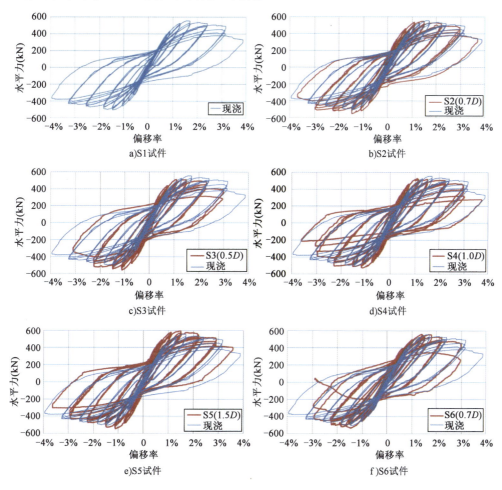

图 4.11 各个试件的荷载—位移滞回曲线

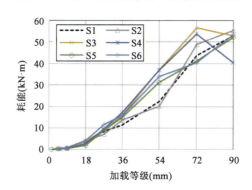

图 4.12 各级加载等级下的耗能大小

3）骨架曲线

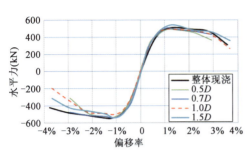

图4.13 各个试件骨架曲线比较

由图4.13中水平推力—墩顶位移骨架曲线可以发现，各个试件的骨架曲线的形状大体类似，呈三线性，具有明显的非线性拐点和强度下降点。但是这几个试件都没有明显的正的屈后刚度，是个明显的缺陷。骨架曲线中屈服点 Y、极限荷载点 M 和极限位移点 U 反映了骨架曲线主要特征，但各特征点的定义不尽相同。

各个试件骨架曲线不同屈服位移确定方法确定的屈服位移具有一定的离散性。S1和S2试件各个强度变形指标非常接近，说明预制拼装桥墩的抗震性能与整体现浇试件可以达到等同。比较S2和S6试件可以看出，设置了锯齿凹槽后，初始屈服位移差别不大，但是峰值位移和极限位移均有显著的增加，因此试件延性系数有一定程度提高，说明墩柱A设置锯齿凹槽后，对改善墩柱抗震性能是有益的。

4）残余位移

图4.14给出了各个试件拟静力残余位移与位移荷载等级之间的关系。可以看出，本书中的预制拼装桥墩的残余位移总体比整体现浇试件的残余位移小，特别是S2试件的残余位移最佳。

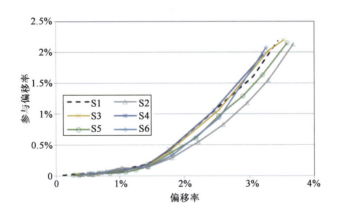

图4.14 各个试件拟静力残余位移与位移荷载等级之间的关系

4.2.5 数值模拟与试验验证

通过对比数值计算与试验结果,试件的滞回曲线形状、初始刚度、加载刚度、卸载刚度、极限荷载、极限位移以及峰值荷载均较为接近,但在强度退化方面存在差异,这主要因为数值模拟材料不能准确地模拟材料损伤引起的刚度退化。总体而言,各个试件在弹性阶段,表现为滞回曲线的集中和重叠;随着混凝土开裂、钢筋屈服、混凝土受压剥落等损伤破坏现象的产生,滞回环逐渐拉开,耗能增强。

4.2.6 承插深度的理论分析

经计算发现,承插深度主要影响的是承插孔壁应力分布。事实上,不同的承插深度意味着单位面积的灌浆料所承受的局部应力大小不同。显然,局部应力将随着承插深度减小而增大,即承插深度小则灌浆料更容易破坏。试验结束后对 S2～S5 试件的接缝进行了检查,发现 S2、S4 和 S5 试件的接缝完整性良好,几乎没有损伤,仅有表面浮浆脱落。相较之下,S3 试件的接缝则留下了灌浆料受压隆起的痕迹。这一现象验证了承插深度对承插孔壁应力的影响。

由承插孔壁应力分布曲线(图 4.15)可知,当承插深度达到一定程度以后应力分布趋于稳定且应力值较小,这也说明了存在一个最小合理承插深度来保证承插式连接的可靠性。另外,承插孔壁最大应力均小于 100MPa,即高强无收缩水泥灌浆料的强度,所以仅凭最大应力无法确定最小合理承插深度。从图 4.15 和图 4.16(图中分 3 个阶段)中可以看出,$(0.5 \sim 0.7)D$ 大致呈现直线分布,意味着墩身变形表现出刚性梁特征,这与嵌岩桩和承插柱的壁应力分布相似;而$(0.7 \sim 1.5)D$ 呈现曲线分布,意味着墩身变形表现出弹性梁特征,即承插深度过大导致约束作用偏大。

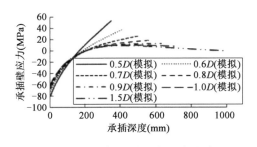

图 4.15 承插孔壁应力分布曲线

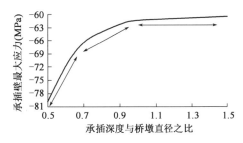

图 4.16 承插孔壁最大应力分布曲线

根据《公路桥涵地基与基础设计规范》(JTG 3363—2019)条文说明5.3.5,参照嵌岩桩嵌入基岩中深度的计算公式估算可得0.75D(考虑了安全系数);当嵌岩桩达到一定嵌入深度之后,继续增大的嵌入深度将不能充分发挥作用,因此规范给出假定压力分布为直线时的推荐嵌入深度。从本次试验结果来看,各个承插式试件均未发生冲剪破坏,这意味着在竖向承载力足够的情况下承插深度可以小于1.0D。因此,可认为在合理构造措施且保证灌浆料黏结良好的情况下,0.7D的承插深度可以作为最小合理承插深度推荐值。

4.3 工程应用

湖北省江北东延线高速公路项目采用了轻型装配式桥墩结构(图4.17),盖梁采用预制钢筋混凝土结构,长度1120cm,宽度200cm,为减少自重采用变高度设计,根部高度140cm,中部及端部高度70cm,单个自重66.5t。墩柱采用离心预制钢筋混凝土管墩,直径140cm,壁厚25cm,混凝土等级C70,单节高度小于15m,最大自重36.6t。承台为现浇,高度1.8m。基础PHC管桩加承台代替传统的灌注桩加桩系梁的结构形式,其中PHC管桩采用PHC800AB110型,节段连接采用焊接方式。墩柱与桩基之间采用的是承插式的连接方式,墩柱与盖梁之间采用的是灌浆金属波纹管连接的方式。

4.3.1 主要技术指标

主要技术指标见表4.3。

主要技术指标表　　　　　　　表4.3

公 路 等 级	高 速 公 路
路基宽度(m)	26
汽车荷载等级	公路—Ⅰ级
行车道数	4
桥面宽度(m)	2×12.75
跨径(m)	30
斜交角(°)	0
单幅墩柱根数	2
墩间距(m)	6.6
最大墩高(m)	15

续上表

公 路 等 级	高 速 公 路
管墩理论最大吊装质量(t)	36.6
帽梁理论最大吊装质量(t)	66.5
设计安全等级	一级
地震动峰值加速度	0.05g
环境类别	Ⅰ类

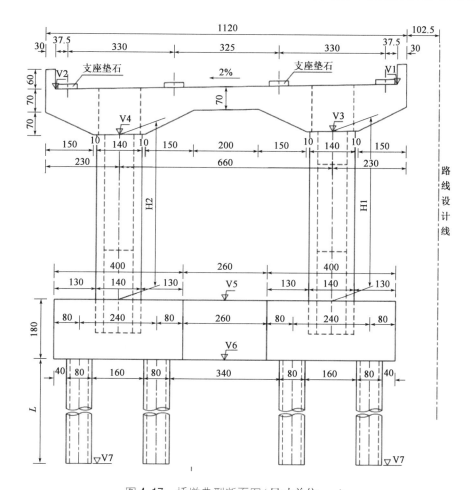

图 4.17 桥墩典型断面图(尺寸单位:cm)

4.3.2 主要材料

结构为普通钢筋混凝土构件,采用的各种材料均应满足设计要求并经严格检验,采用的技术标准均应符合国家和行业标准的有关规定。结构采用主要材料见表 4.4。

结构主要材料表　　　　　　　　　表4.4

结 构 分 项	混凝土	钢材	连 接 方 式
支座垫石	C55混凝土	HRB400	现浇
预制帽梁	C55混凝土	HRB400	帽梁与预制管墩采用灌浆金属波纹管连接
预制管墩	C70混凝土	HRB400	预制管墩与现浇承台采用承插式连接
现浇承台及填芯混凝土	C40混凝土	HRB400	现浇,填芯混凝土为补偿收缩混凝土
预制管桩	C80混凝土	PCB1420	现浇承台与预制管桩之间采用湿接缝连接
调平层	高强无收缩水泥灌浆料	—	
灌浆料	高强无收缩水泥灌浆料	—	

1)预制管桩

预制管桩应符合《先张法预应力混凝土管桩》(GB 13476—2009)的相关规定。

2)混凝土

①混凝土的技术指标按《公路钢筋混凝土及预应力混凝土桥涵设计规范》(JTG 3362—2018)和《公路桥涵施工技术规范》(JTG/T F50—2011)的规定采用,混凝土强度预制帽梁、现浇支座垫石采用C55,离心预制混凝土管墩采用C70,现浇承台采用C40,预制管桩采用C80。

②预制构件水泥应采用强度等级不低于42.5级的硅酸盐水泥、普通硅酸盐水泥、矿渣硅酸盐水泥、粉煤灰硅酸盐水泥,其质量应符合国家标准《通用硅酸盐水泥》(GB 175—2007)的规定。

3)钢材

①纵向普通钢筋采用HRB400钢筋,钢筋应符合《钢筋混凝土用钢　第2部分:热轧带肋钢筋》(GB 1499.2—2018)的规定。

②抗裂钢筋网片及部分构造钢筋采用HPB300钢筋,钢筋应符合《钢筋混凝土用钢　第1部分:热轧光圆钢筋》(GB 1499.1—2017)的规定。

③冷弯波纹钢管采用HXDD1500-2.7,应满足《冷弯波纹钢管》(GB/T 34567—2017)的规定。

4)高强无收缩水泥灌浆料

高强无收缩水泥灌浆料性能指标应符合上海市工程建设规范《预制拼装桥墩技术规

程》(DG/TJ 08-2160—2015)表 4.3.1 的技术指标规定,试验方法按规范附录 B 相关要求执行。

产品检验分为型式检验和现场检验。

①型式检验项目包括灌浆料的初始流动度,30min 流动度,1d、3d、28d 抗压强度,竖向自由膨胀率,氯离子含量,泌水率,抗拉强度,抗折强度。

②现场检验应在拼装前一天进行流动度测试及 1d 龄期抗压强度测试,符合指标规定后方可用于现场拼装连接。灌浆施工时应在拌浆时制取试件,对应每个拼接部位应制取不少于 3 组,分别测试 1d、3d 和 28d 龄期抗压强度,抗拉强度和抗折强度。

③材料主要性能指标同时需满足《水泥基灌浆材料应用技术规范》(GB/T 50448—2015)相关规定,抗拉强度和抗折强度分别按《混凝土物理力学性能试验方法标准》(GB/T 50081—2019)、《水泥胶砂强度检验方法(ISO 法)》(GB/T 17671—2021)测试。

5)填芯混凝土

填芯混凝土采用补偿收缩混凝土,按《补偿收缩混凝土应用技术规程》(JGJ/T 178—2009)相关规定执行,限制膨胀率要求大于或等于 0.025%。

4.3.3 设计要点

1)设计参数

①混凝土:重度 $\gamma = 26.5 \text{kN/m}^3$,弹性模量 $E_c = 3.55 \times 10^4 \text{MPa}$。

②管桩按《先张法预应力混凝土管桩》(GB 13476—2009)及国家建筑标准设计图集《预应力混凝土管桩》(10G409)选用。

③结构整体升温、降温分别按 30℃ 计算。

④制动力按《公路桥涵设计通用规范》(JTG D60—2015)计算。

2)结构设计

①预制拼装桥墩按照《公路桥涵设计通用规范》(JTG D60—2015)和《公路钢筋混凝土及预应力混凝土桥涵设计规范》(JTG 3362—2018)执行,设计安全等级为一级,结构重要性系数为 1.1。

②预制管墩属于偏心受压构件,全部纵向钢筋的配筋百分率应不小于 1%。

③考虑桥面连续双排支座活载对预制管墩偏心受压影响。

④管桩根据地质条件适用性进行选择,做摩擦桩设计,采用设计桩长和锤击数双控。设计桩长根据《公路桥涵地基与基础设计规范》(JTG 3363—2019)中沉桩的承载力容许值计算公式确定。

⑤桥墩帽梁按实际横坡设计,同时要保证与预制管墩连接面处于水平。

4.3.4 耐久性设计

①装配式混凝土桥墩应根据结构特点、使用年限、环境条件、施工条件等进行耐久性设计,并符合《公路工程混凝土结构耐久性设计规范》(JTG/T 3310—2019)的规定。

②装配式混凝土桥梁预制墩柱的拼接缝不宜设置于水位变动区。

③在露出混凝土表面的预埋吊点等临时装置拆除后,应采取措施保证相应区域满足耐久性的要求。

4.3.5 应用情况

1)桩基施工

项目中桥梁基础采用预制管桩,锤击贯入法施工。在施工过程中不取土、不制备泥浆、不设泥浆池,施工现场干净整洁,对自然环境污染小,施工现场如图4.18所示。

图4.18 PHC管桩施工现场

2)墩柱制作

预制空心墩柱采用离心工艺,其制作方法与预制管桩类似,如图4.19所示,直径为1.4m,大于常规管桩,且不需要施加预应力,为钢筋混凝土结构。

图 4.19　墩柱制作

3）墩柱安装

单节墩柱预制长度小于 15m，质量不超过为 37t，可满足常规化运输条件要求。安装时采用汽车式起重机垂直吊入承台预留孔内，通过墩柱底部抱箍及千斤顶调节竖直度，如图 4.20 所示。

图 4.20　墩柱现场安装

4）盖梁安装

预制盖梁单个重 67t，采用汽车式起重机将盖梁吊至墩柱顶，辅助调整盖梁位置，将预留钢筋插入盖梁金属波纹管内，如图 4.21 所示。安装就位后进行金属波纹管灌浆，浇筑支座垫石。

图 4.21 盖梁现场安装

5）实施效果

轻型装配式桥墩与常规现浇桥墩相比，混凝土用量节省约 40%，钢材用量节省约 4%，盖梁质量减小 28%，墩柱质量减小 51%，工程造价略有降低。

管墩和承台之间分别采用灌浆金属波纹管连接和新型管墩—桩基承台连接，其主要精度控制要求见表 4.5。采用灌浆金属波纹管连接，承台预埋波纹管的位置和墩柱主筋偏差及扭转，已经决定了管墩的安装位置；而采用新型承插式连接，管墩自由扭转，平面位置和墩柱垂直墩也有较大的调整空间，管墩顶部的安装精度几乎不受承台处连接的影响。

主要精度控制要求（单位：mm） 表 4.5

项目		灌浆金属波纹管连接	新型承插式连接
管墩主筋	平面位置	2	10
	相对位置	2	无要求
承台连接钢筋	平面位置	2	20
	相对位置	2	无要求

对比现浇桥墩与装配式管墩的施工周期，见表 4.6。从表中可以看出，项目所采用的装配式桥墩建造方案，其现场施工周期相比传统现浇桥墩可缩短 50% 左右。

现浇桥墩与装配式桥墩施工周期对比（单位：d） 表 4.6

项目	现浇桥墩	装配式桥墩
桩基础	16	3
系梁/承台	10	10
墩柱	9	4

续上表

项 目	现 浇 桥 墩	装配式桥墩
帽梁	9	4
总时间	44	21

桥梁建成后进行全桥静动载试验,对装配式桥墩进行了外观检查、变形测量等,如图 4.22 所示。根据试验检测结果,桥跨整体结构在各静载试验工况下实测应变与理论分析值吻合较好,且校验系数均小于 1,实际承载能力满足设计要求。桥墩断面尺寸,垂直度控制较好,结构混凝土强度满足要求,表面及连接部未发现裂缝,桥墩总体工作性能良好。

图 4.22 现场试验检测

轻型装配式桥墩的应用可以节省钢材和混凝土用量,承插式连接施工便捷、效率高,高预制比例提升了工程质量,现场拼装减少了传统施工过程中产生的污染,具有绿色、低碳、环保的优点。

第 5 章
CHAPTER 5

装配式组合梁桥一体化架设技术及实践

中小跨径装配式组合梁桥一体化架设技术中预制构件主要有钢梁、预制桥面板、预制盖梁、预制桥墩和预制管桩等。构件的预制和组装质量直接影响工程的整体质量，构件预制加工时应严格按照相关工艺流程并做好质量控制。鉴于钢梁加工制造及预制管桩的加工均具有较成熟的工艺，本章主要就预制盖梁、预制离心管墩、预制桥面板、钢梁与桥面板的连接及一体化架设装备的工艺和质量控制要点进行说明。

5.1 构件预制与组装

5.1.1 盖梁预制

盖梁的预制主要分为整体预制和分节段预制两种，本节主要对盖梁的预制工艺及质量控制要点进行说明。

1）盖梁预制

预制盖梁的生产工序主要包括钢筋骨架成型→钢筋笼吊装、模具安装→混凝土配料、浇筑→拆模养护→预应力工程→盖梁存放。

（1）钢筋骨架制作

盖梁钢筋笼在钢筋绑扎胎架上绑扎成型，整体吊装入模。钢筋笼要严格按照设计图纸尺寸进行下料、绑扎。

在钢筋笼吊装时为满足钢筋笼整体的刚度和抗扭曲变形能力，盖梁主筋纵横相交处要点焊，保证钢筋骨架稳定、牢固。

（2）钢筋笼吊装

钢筋笼在吊装入模前，应安装好钢筋保护层垫块，垫块用扎丝固定在钢筋最外层外侧。安装原则为：平面不少于6个/m²，立面间距不大于30cm。

盖梁钢筋笼绑扎完成后，通过场内的门式起重机吊装入模，吊装采用专用吊具。为防止钢筋笼在吊装过程中变形，应在钢筋笼纵向方向每隔2m设置两个对称吊点。安装中需重点注意灌浆套筒和引浆管位置的精确定位，如图5.1、图5.2所示。

图 5.1　钢筋骨架安装作业　　　　　　　　图 5.2　引浆管

(3) 模具安装

盖梁模具采用厂家定制大块钢模,分为底模、侧模和端模三部分。使用前先进行预拼装,如出现接缝不严、错台等现象,必须进行修整处理后方可使用,如图 5.3、图 5.4 所示。

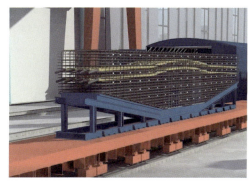

图 5.3　钢筋骨架固定于底模　　　　　　　图 5.4　模具安装完成

(4) 混凝土浇筑

盖梁梁体与防震挡块一并连续浇筑成型,混凝土浇筑按斜向分层方式进行,分层厚度一般为 30cm。上层混凝土应在下层混凝土初凝前浇筑完成,上层混凝土振捣时,振捣棒插入下层混凝土 5~10cm。混凝土的振捣采用插入式振捣棒,要严格控制振捣时间,严禁过振及漏振,振捣棒的移动间距不超过作用半径的 1.5 倍。

(5) 拆模养护

混凝土浇筑完成,待强度达到要求,即可拆除侧模板,拆模时应避免损坏盖梁棱角。拆模后采取遮盖、喷淋等措施进行养护。根据天气情况,确保每 2h 不少于一次喷淋养护,高温天气(38℃以上)必须采取土工布润湿覆盖措施,确保每 1h 不少于一次喷淋养护,低温季节采用养护棚进行蒸汽养护,如图 5.5、图 5.6 所示。

图5.5 盖梁模板拆除

图5.6 蒸汽养护

(6)预应力工程

预制盖梁养护达到一定强度后,安装预应力钢绞线和锚具,进行两端预应力初张拉;完成初张拉后将盖梁吊离,进行预应力终张拉;终张拉完成后,进行封锚压浆。

(7)盖梁存放

待盖梁预应力压浆浆液达到吊装强度后,采用提梁机将盖梁起吊横移至修饰台座上进行修饰、底部凿毛,完成后再吊装至存放台座上储存。每个存梁台座存梁两层,上下层盖梁之间通过枕木支垫,如图5.7、图5.8所示。

图5.7 盖梁存放

图5.8 盖梁运输

2)盖梁预制质量控制要点

盖梁的工厂化加工应精细化,预制中为更好地控制质量,需采取一定的质量保证措施。

①盖梁钢筋笼应在专用胎架上制作加工成型,胎架上支撑定位体系布置要保证主要受力钢筋定位准确,钢筋笼制作偏差为±5mm。

②为保证预制拼装的灌浆连接套筒的定位精度,在胎架下部增加套筒定位钢板,该

钢板采用车床精加工成型,灌浆连接套筒安装定位允许偏差为±2mm。

③整体灌浆连接型套筒预制安装端和钢筋连接接头要放入止浆塞,并确保密封牢固。

④灌浆连接套筒压浆管、出浆管和对应的压浆口、出浆口连接要密封牢固,压浆管、出浆管长度要根据墩柱、盖梁尺寸预留准确,并用止浆塞塞紧。

⑤混凝土浇筑前再次对灌浆连接套筒定位进行检查,允许偏差均为±2mm;同时对台座表面高程及水平度进行复测,高程允许偏差为±1mm,水平度允许偏差为±1mm/m。

⑥混凝土要一次性浇筑完成,浇筑时先行浇筑灌浆连接套筒范围内混凝土。

⑦盖梁预制完成后对盖梁空间尺寸、灌浆连接套筒定位进行复测,各向允许偏差均为±2mm。

5.1.2 墩柱预制

1)墩柱预制

对于预制离心管墩,管墩通常在预制厂内整体或分节段预制,现场采用端板焊接或者法兰盘拼装,将大量现场作业转化为工厂化生产,构件质量能够得到保证和提升。

预制管墩的主要生产工序包括:笼筋骨架成型→模具准备、笼筋入模→混凝土配料、浇筑→合模→离心→常温加湿养护→脱模→水养14d→入成品库→洒水养护→管墩的吊装、转运和存放。

(1)钢筋工程

实际钢筋骨架以设计图纸为准,对于直径大于或等于12mm的钢筋宜采用HRB400,直径小于12mm的钢筋宜采用HPB300,主筋钢筋分内外两层按设计要求执行。内外层钢筋笼宜采用滚焊成型,以便主筋、箍筋间距满足精度要求,应配置专用双层钢筋骨架胎模架。

墩柱主筋需接长时,钢筋接头应错开布置,且满足相关规范要求。钢筋连接宜采用两根帮条焊或螺纹套筒连接。帮焊时应采用四条焊缝的双面焊,且宜采用与被焊钢筋同钢种直径的钢筋,并使两帮条的轴线与被焊钢筋的中心处于同一平面内。

内外层主筋采用预张拉或螺母锁紧工艺,保证主筋定位准确,降低离心甩动幅度。张拉、绷紧应力不宜超过钢筋屈服强度的20%,满足钢筋定位要求即可。钢筋工程如图5.9~图5.11所示。

图 5.9　笼筋骨架成型

图 5.10　钢筋的连接

图 5.11　钢筋主筋固定、锁紧张拉

（2）混凝土工程

大直径管墩通常采用高性能混凝土预制,高性能混凝土应具有良好的工作性能,满足布料、离心成型等工艺要求,且应具有良好的耐久性能,满足不同使用环境下的耐久性要求。为保证大直径管墩的质量,对选用原材料要严格界定。

水泥:应选择同厂家同品牌的硅酸盐水泥,其质量要求符合相关规范的规定。水泥中 C3A、C3S、C2S 等成分的含量稳定,防止不合理的组分对水泥早期强度、凝结时间等产生影响,造成和易性差、强度发展不利、粘皮等质量问题。

粗集料:应采用碎石或破碎的卵石,最大粒径不大于25mm,且不超过钢筋净距的3/4。颗粒级配应符合《建设用卵石、碎石》(GB/T 14685—2022)中表1的规定。其中,碎石经筛选后含泥量不大于0.5%,压碎指标不大于10%,针片状颗粒含量不大于5%。粗集料应检验合格后使用,使用前应进行筛洗、不同级配碎石应分级计量搭配,且搭配后的空隙率应进行试验确认,遵循孔隙率最小的原则。

细集料:宜采用洁净的天然硬质中粗砂或人工砂,其质量应符合《建设用砂》(GB/T 14684—2022)的有关规定。砂经筛选后,含泥量不大于1%,氯离子含量不大于0.01%,硫化物及硫酸盐含量不大于0.5%。

外加剂:宜采用聚羧酸类减水剂,其质量应符合相关规范的规定。外加剂进厂必须有供方提供的该批材料的检验报告和质保书。存放时应挂牌标明品种、生产厂家、数量及进厂日期,不同种类、不同厂家外加剂不得混合存放。使用前应按有关规定对外加剂进行检验,并进行混凝土试配、减水剂与水泥适应性试验,减水率>25%、水泥净浆流动度>240mm。

水胶比宜控制在0.26~0.30,坍落度宜控制在40~80mm,新拌混凝土应不泌水、不离析、和易性好,黏度不宜过大。混凝土工程如图5.12、图5.13所示。

图 5.12 模具准备、笼筋入模

图 5.13 混凝土配料、浇筑、合模

(3)离心工艺

大直径离心桥墩通常壁较厚,速度离心不宜过低,高速离心时间应适当延长,有利于厚壁桥墩的离心成型。高速离心速度低则管桩不密实,过高则离心分层现象加剧,应根据混凝土料状态试验确定合理的高速离心速度及时间。

为防止混凝土料过长时间在模内翻转造成笼筋松散、主筋偏位严重,高速离心速度过低,砂子颗粒不易就位成型,余浆砂浆成分多,离心时应根据各分公司水泥、原材不同、混凝土料状态、黏性等试验确定。离心工艺如图5.14所示。

a)离心

b)常温加湿养护

c)脱模

d)水养

图5.14 离心工艺

(4)养护工艺

预制离心桥墩在应用过程中和现浇混凝土一样存在耐久性等问题,同时受到气候、温度等外部影响易出现裂纹,影响美观及耐久性。预制离心桥墩区别于管桩等地下构件,其对外观质量及耐久性要求更高,不应采用高温蒸汽养护,宜采用双免工艺养护,并结合水养、喷淋等养护措施,可有效改善产品表面质量,避免裂纹的发生,提升耐久性。

(5)吊装、转运与存放

预制构件混凝土强度达到设计强度的90%时方可进行吊装运输,运输过程中应采取必要的固定缓冲措施,以防止损伤构件。长度 L 不大于8m的桥墩预制管墩吊装采用两点吊法,两点吊法的两吊点位置距离端部 $0.21L$;长度 L 大于8m的桥墩,采用四点吊法,如图5.15所示。

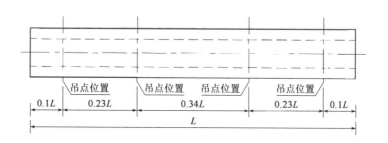

图5.15 四点吊法吊点位置示意图

装配式桥墩预制管墩吊点处宜采用钢抱箍进行起吊,并采用衬垫对预制管墩进行保护,避免构件损坏。吊装时平缓匀速进行,构件保持水平,如图5.16所示。

图5.16 桥墩吊装

2)质量控制要点

离心法生产混凝土制品由来已久,但由于其工艺固有的特点,在生产大直径管墩时必须高度重视。

①双层钢筋笼尺寸偏差、钢筋笼刚性应满足离心设计及制作的要求。外钢筋笼圆周上合理设置混凝土保护层垫块等措施,保证混凝土保护层厚度满足要求,避免布料、离心时钢筋偏移;保护层垫块一般从两端法兰固定端开始,沿桩身每米在圆周范围内梅花形

布置 15~20 个(桥墩直径大者取后者)。

②钢筋的相对位置控制必须采用特制的管模让钢筋穿过,保持管模相对位置固定,进而保证纵向钢筋不发生扭转变形。

③混凝土拌和用水宜采用洁净的自来水,当使用其他水源时,其水质不得含有影响水泥正常凝结、硬化及对混凝土后期性能有影响的有害杂质或油质。使用处理后的循环水时,应通过试验确定。严禁使用含泥量大的循环水,防止含泥量过大等影响质量。

④离心速度影响到成品的质量,高速旋转的转速不宜太大,成型即可,并需控制离心的转速和时间。

⑤在混凝土料具有良好和易性下及时离心,保证产品质量;宜采用两台搅拌机同时打料,两台布料小车同时布料,利用有效措施,缩短布料时间,保证离心效果;新拌混凝土料出搅拌机至离心时间不宜大于 30min;平车废料等严禁直接入模内使用,防止表面污染及影响质量,不得随意加水。

⑥养护时应通过自动温控系统,严格控制湿度、温度,脱模后进行水养、喷淋等养护措施,在保证结构强度的基础上,防止表面、深层裂纹的出现及发展。

⑦预制好的成品尺寸偏差及外观质量应达到表 5.1、表 5.2 的要求。

成 品 尺 寸 偏 差　　　　表 5.1

项 目	允许偏差
直径(mm)	±5
壁厚(mm)	0 ~ +20
端面平整度	0.5D%
拼接面水平(mm)	2
墩柱长度(mm)	±20
钢筋保护层厚度	合格率达到98%以上

注:D 为墩柱直径。

合格品质量要求　　　　表 5.2

序号	项 目	合格品质量要求
1	粘皮和麻面	局部粘皮和麻面累计面积不大于桥墩总外表面积的0.5%,每处粘皮和麻面的深度不大于10mm,且应修补
2	墩身合缝漏浆	漏浆深度不大于5mm,每处漏浆长度不大于300mm,累计长度不大于墩身长度的10%,或对称漏浆的搭接长度不大于100mm,且应修补
3	局部磕损	磕损深度不大于10mm,每处面积不大于50cm²,且应修补
4	露筋	外表面不允许,内表面除锚筋外,其他不允许

续上表

序号	项　目	合格品质量要求
5	表面裂缝	桥墩墩身不得出现环向、纵向裂纹及龟裂纹
6	断筋	不允许
7	内表面砂浆层脱落	局部内表面砂浆层脱落累计面积桥墩总内表面积的10%，每处脱落的深度不大于25mm，且应修补
8	壁厚	允许有正偏差，不允许有负偏差

5.1.3 桥面板预制

1）预制工艺

桥面板预制工艺与构件生产线的配置紧密相关，但无论生产线如何布置，预制板的生产主要工序包括：模具（加工、安装）、钢筋（加工、绑扎）、混凝土（投料、拌和、运输、布料、振捣、覆膜保湿、养护）、桥面板的吊装、转运和存放等。

(1) 模具结构

为保证施工质量，模具均采用钢模，由专业模具厂进行加工。桥面板模具如为新进场模具，对于初次使用的模具需进行多次打磨，充分将模板表面浮锈打磨干净。模板拆除时间根据《混凝土结构工程施工质量验收规范》（GB 50204—2015）确定。非承重侧模板应在混凝土抗压强度达到2.5MPa，且保证其表面及棱角不致因拆模而受损时可拆除。其他部位模板拆除时间见表5.3。

底模拆除时混凝土强度要求　　　　　表5.3

构 件 类 型	构件跨度（m）	达到设计的混凝土立方体抗压强度标准值的百分率
板	≤2	≥50%
	>2, ≤8	≥75%
	>8	≥100%
梁、拱、壳	≤8	≥75%
	>8	≥100%
悬臂构件	—	≥100%

桥面板底模、侧模应保证接缝平顺，板面平整，转角光滑并定期校正，具体流程如图5.17~图5.19所示。底模制作安装精度：平整度不应大于2mm，长宽尺寸允许偏差

应为±3mm。侧模上应开有钢筋定位槽口,侧模制作安装精度:对角线长度允许偏差应为±3mm,钢筋预留槽位置允许偏差应为±3mm。

图5.17 模具安装与调整

图5.18 模具打磨及涂刷脱模剂

图5.19 底模拆除并移动至下一浇筑位

(2)钢筋工程

钢筋进场后,需按批抽取试件做屈服强度、抗拉强度、伸长率和冷弯试验。自检合格后报监理验收,报监理验收时要求附全部质量证明文件和试验报告。

钢筋加工主要在钢筋加工车间内完成,在钢筋台模架上绑扎成型,整体吊运安装。为保证相邻的纵向钢筋不干涉,应严格按照桥面板的摆放示意图摆放。钢筋工程如图5.20所示。

图5.20 钢筋工程

绑扎成型的钢筋骨架经验收合格后即可吊装。为防止变形,钢筋骨架采用专用吊具多点平衡起吊。吊运前,调整各吊点吊绳使其受力均匀。吊装时,保护好各种预埋管件不受损伤。钢筋骨架入模如图5.21所示。

(3)混凝土工程

桥面板混凝土配合比需经严格试配,满足设计及规范要求,经审批同意后才能用于桥面板混凝土施工。为控制混凝土质量,对选用原材料要严格界定,对混凝土性能和外观效果影响较大的外加剂更须慎重选择。混凝土工程如图5.22、图5.23所示。

图5.21 钢筋骨架入模

(4)桥面板养护

混凝土浇筑完成后,顶面进行拉毛处理,桥面板保湿养护时间应为14d,满足混凝土硬化和强度增长的要求,使混凝土强度达到设计要求。自然养护采用保水性较好的土工布覆盖洒水,保证养护不间断。洒水次数以能保持混凝土表面充分潮湿为度,即保持土工布湿润即可。混凝土收面后不得立即洒水,待混凝土初凝后才能进行洒水养护。每次洒水量也不宜过多,不得有大范围积水现象或完全把混凝土浸泡在水中,养护如图5.24所示。

图5.22 混凝土浇筑

图5.23 混凝土浇筑后刮尺刮平、收面、拉毛

图5.24 混凝土覆盖及洒水养护

当端模或侧模拆除后,及时将与湿接缝相连混凝土接触面及张拉槽口处混凝土进行凿毛、清洗。

(5)桥面板的存放、吊装、转运

桥面板的存放支点宜与吊点位置吻合,同时4个支点应严格调平,保证在同一平面内。当桥面板混凝土达到强度后,即可编号转运、存放。预制桥面板存放期不小于6个月。为保证各吊点受力均匀,吊装用的钢丝绳长度应一致。

混凝土强度达到85%强度后方可吊装,应采用四点起吊,并配备相应的吊具,防止吊装受力不均产生裂缝。桥面板4个吊点的位置应对称布置,一般宜设置在桥面板$0.21L$位置处。预制桥面板在运输过程中,应采取必需的固定、缓冲措施,以防止运输过程中损坏构件。桥面板的存放、吊装及转运如图5.25、图5.26所示,质量检验标准见表5.4。

预制板的质量检验标准　　　　　　表5.4

检 验 项 目	允 许 偏 差
混凝土强度(MPa)	在合格标准内
长宽尺寸(mm)	±3
厚度尺寸(mm)	±5
连接钢筋预埋位置(mm)	±5
桥面沿板长方向支承面平整度(mm)	≤2(2m范围内)

图5.25　桥面板存放

2)桥面板预制质量控制要点

桥面板在预制中应严格按照相应要求进行加工,为保证预制质量,应做好质量控制。

①模板拆除后需要打磨,去除锈迹及表面杂质后方可涂刷脱模剂。

②钢筋定位要准确,绑扎要牢固,与预应力管道位置冲突时,适当移动钢筋位置,不得随意截断或取消,截断的钢筋需搭接焊。

图 5.26 桥面板吊装、转运

③每块预制桥面板浇筑时,要求一次完成,中间不设施工缝。

④防止麻面:模板及其支撑系统要有足够的刚度,模板面清理干净,不得粘有干硬水泥砂浆等杂物。防止蜂窝:混凝土自由倾落高度一般不得超过2m。防止露筋:浇筑混凝土前,仔细检查保护层垫块的位置、数量等,并指定专人做重复性检查,以提高混凝土保护层厚度的质量保证率。

⑤混凝土浇筑完成后,应在初凝前对混凝土顶面采取有效措施,以闭合收水产生的裂缝。对浇筑完成的混凝土应进行良好养护,对预制板采用水养护,注意防风、保温、保湿、防止太阳直射,在桥面板上面覆盖土工布,以减少冷缩、干缩对结构造成的损伤。

5.1.4 组合梁组装

组合梁的安装方法主要有两种:一种是在预制厂或场下将钢主梁和桥面板组装成组合梁,然后整体吊装到桥位上;另一种是先将钢结构(通常是槽形梁或工字梁)安装在桥位上,再安装桥面板,钢构件和混凝土之间用湿接缝连接。除此之外,还可采用部分预制桥面板叠合方法,即将桥面板分为预制和现浇两部分,预制桥面板和钢梁在场下进行组合形成整体,将组合梁吊装至桥位后,在预制桥面板上现浇桥面板。

1)全预制桥面板组合梁组装

钢混组合梁主要通过预制混凝土桥面板剪力槽内混凝土与钢主梁集束式剪力钉相互作用组合成整体。全预制桥面板钢混组合梁预制场或场下组装工艺主要流程如下:

(1)台座制作、钢构件就位

组合梁整拼完成后,进行喷砂、除锈、涂装处理,采用运梁台车将钢主梁运至组合台座上,并对钢梁线形进行调整。钢梁的制造、运输、试拼装、预拼装、涂装等应符合相关规范的要求。钢梁的加工与组装如图 5.27 所示。

图 5.27　钢梁加工与组装完成

(2)安装桥面板、浇筑湿接缝

在钢梁上精确标示桥面板位置,在钢主梁翼缘粘贴橡胶条,按照设计要求逐块涂抹环氧砂浆并吊装桥面板,桥面板逐块精确就位。待桥面板精确定位后安装湿接缝钢筋及预埋件,安装湿接缝模板,浇筑湿接缝。桥面板的安装流程如图 5.28~图 5.33 所示。

图 5.28　密封橡胶条安装　　　　图 5.29　环氧砂浆涂抹

组合界面通常采用 3 种措施,保证连接效果:①采用微膨胀混凝土(补偿混凝土),主要用于剪力槽、湿接缝现浇混凝土;②采用环氧砂浆,主要填充桥面板实体段与钢主梁上翼缘空隙;③采用防腐橡胶条,保证以上两种材料的施工。

(3)混凝土养护,组合梁转运

湿接缝混凝土应保湿、保温养护不少于 7 d;当气温低于 5 ℃时,宜采用热水拌和混凝土,浇筑完成后应及时覆盖保温。待湿接缝混凝土达到相应的强度后,即可将组合梁转运至存梁区。湿接缝混凝土养护及组合梁转运如图 5.34、图 5.35 所示。

图 5.30 桥面板吊装

图 5.31 桥面板精确定位

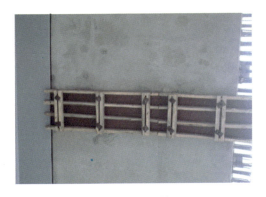
图 5.32 立模

图 5.33 混凝土浇筑

图 5.34 湿接缝混凝土养护

图 5.35 组合梁转运

2）部分预制桥面板组合梁组装

部分预制桥面板叠合方法即将桥面板分为预制和现浇两部分，预制桥面板和钢梁在场内进行组合形成整体，将组合梁吊装至桥位后，在预制桥面板上现浇剩余桥面板。该方案能减轻吊装质量，同时由于部分混凝土采用现浇，可提高结构的整体受力性能。

图 5.36 为长沙湘府路主线高架组合梁部分预制桥面板方案,该桥上部结构为钢板混凝土结合梁,横向共 11 片结合梁;混凝土板分两层,底层 10cm 为预制结构,底层板和钢梁工厂结合,现场吊装施工,顶层 20cm 混凝土板以底层板为底模现场浇筑。

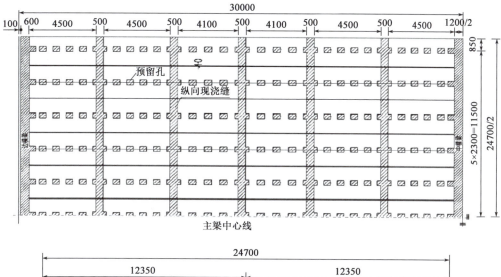

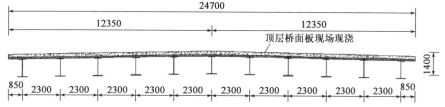

图 5.36 长沙湘府路主线高架组合梁(尺寸单位:mm)

部分预制桥面板钢混组合梁预制场或场下组装工艺主要流程与全预制桥面板组合梁组装工艺流程基本一致,即台座制作、钢构件就位,安装底层桥面板并浇筑湿接缝,混凝土养护、组合梁转运,将组合梁吊装至桥位并现浇剩余混凝土桥面板,具体流程如图 5.37~图 5.40 所示。

图 5.37 钢梁成型

图 5.38 钢梁与底层预制桥面板结合

图 5.39　组合钢梁运输　　　　　图 5.40　组合梁现场吊装

3）组合梁组装质量控制要点

对于组合梁在场内直接组装或在桥上直接组装的施工,施工中的主要质量控制如下：

①预制混凝土桥面板的安装施工应遵循先预制、先安装的原则,且宜采取对号入座的方式进行预制和安装。

②预制混凝土桥面板的安装可采用轮式或带式起重机、架桥机、起重船、门式起重机、专用起重机等方法,宜结合钢结构的安装合考虑,安装的顺序及安装程序应符合设计和施工控制的规定。

③安装前应将钢主梁与桥面板的结合面及剪连接装置表面清理干净,在钢主梁上准确放样,现场核对相邻桥面板钢筋、剪力、连接件等的相对位置;按设计要求粘贴橡胶垫,橡胶垫位置应准确并与钢板连续密贴,如图 5.41 所示。

图 5.41　安装前结合面的处理

④安装时应采取四点起吊方式;起吊安装时应保证各吊点的受力均衡,并防止对桥面板产生碰撞或其他损伤。

⑤桥面板安装就位过程中,应使各桥面板中的预埋件和孔道、管道对准、顺直。当安装桥面板的钢筋与相邻桥面板的钢筋、剪力或连接件等有位置上的冲突时,应采取适当的措施进行调整,且该调整应以弯折钢筋变其位置为主,不得因桥面板就位困难而随意切断钢筋或破坏剪力连接装置。有预应力管道时,相邻孔桥面板预应力管道的错位偏差宜不超过2mm。

⑥桥面板安装就位后,应及时检查其在钢主梁上的支承状况,当有翘曲、脱空偏位等情况时,应吊起重新安装。

⑦桥面板安装允许偏差应为±5mm,相邻两半错开量应小于3mm。

5.2 一体化架设工艺

目前装配式桥梁安装过程存在设备种类多、占地范围大、交通环境影响大等问题,中交集团在常规架桥机的基础上,研发了一种既能安装预制桥墩、又能架设上部结构的一体化架桥机,该设备主要由主梁、起重天车、前支腿、中支腿、后支腿等构件组成。基于此设备提出一体化安装工艺,即将不同类型预制构件分配到该一体化架桥机的各个作业面进行安装,其中前跨用于安装下部结构,中跨用于安装上部结构,尾跨用于运输和起吊预制构件;并且各作业面安装工效相匹配,从而实现一体化工艺流水作业。

5.2.1 装配式组合梁一体化架设工艺

双主梁体系装配式组合梁一体化架设工艺主要步骤如下所述。

步骤一:采用门式起重机安装始发两跨,作为构件提升和拼装区,并安装一体化架桥机,如图5.42所示。

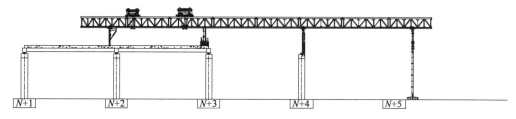

图 5.42 步骤一示意图

步骤二：预制墩柱由门式起重机提升至运梁车，由运梁车运输构件提升区，由两台起重小车抬吊至最前跨，后起重小车缓慢下放墩柱一端至竖直状态，由前起重小车安装墩柱到位，开始墩柱与承台灌浆连接，如图5.43所示。

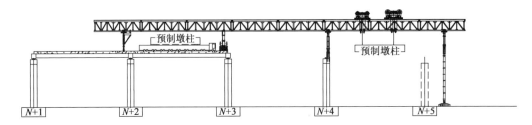

图5.43　步骤二示意图

步骤三：在墩柱与承台连接等强的时间内，钢主梁小节段横梁运输至拼装区后现场栓焊连接形成钢主梁框架，钢主梁框架由门式起重机提升至运梁车，由运梁车运输至构件提升区，由两台起重小车抬吊至第二跨并安装到位，并与上一跨栓焊连接，如图5.44所示。

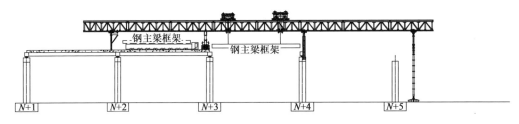

图5.44　步骤三示意图

步骤四：预制桥面板由门式起重机提升至运梁车，由运梁车运至构件提升区，由两台起重小车分别吊运至第二跨，调整小车使桥面板旋转90°并安装到位，如图5.45所示。

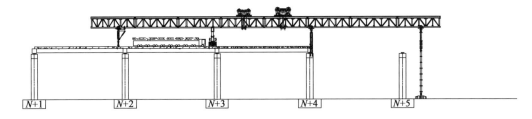

图5.45　步骤四示意图

步骤五：预制盖梁由门式起重机提升至运梁车，由运梁车运输至构件提升区，由前起重小车吊运至最前跨，调整小车使盖梁旋转90°并下放至墩柱顶部，开始盖梁精确定位、盖梁与墩柱灌浆连接。在盖梁与墩柱连接等强的时间内，完成中间跨桥面板上槽孔及湿接缝浇筑及混凝土等强，如图5.46所示。

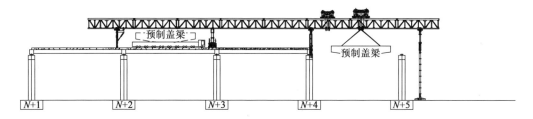

图 5.46　步骤五示意图

步骤六：架桥机过跨，前中支腿移动至最前跨的盖梁上并固，前支腿、后支腿均收起，中后支腿在桥面纵向轨道上滑动，带动整机前进，直至完成过跨，如图 5.47 所示。

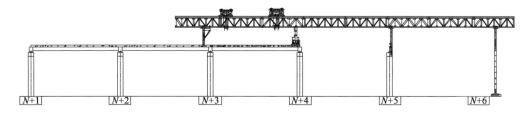

图 5.47　步骤六示意图

采用上述一体化架设工艺，安装一跨双主梁体系装配式组合梁的所有构件的工期为 5.5d，见表 5.5。

双主梁体系装配式组合梁一体化架设工艺工效分析　　表 5.5

步　骤	主　要　工　序	持续时间(d)	备　注
1	最前跨墩柱安装及连接	0.5	
2	最前跨墩柱连接等强	2	
3	中间跨钢主梁安装		与 2 同步
4	中间跨桥面板安装		与 2 同步
5	最前跨盖梁安装及连接	0.5	
6	最前跨盖梁连接等强	2	
7	中间跨桥面板槽孔和湿接缝浇筑及等强		与 6 同步
8	架桥机过跨	0.5	
9	重复 1~8 步，安装下一跨		
	合计	5.5	

π 形组合梁一体化架设工艺具体步骤与双主梁体系装配式组合梁基本一致，区别在于 π 形组合梁一体化架设工艺中预制桥面板与钢主梁形成整体后再运至构件提升区，即上述步骤中步骤四改为安装 π 形组合梁，取消步骤五。采用上述一体化架设工艺，安装一跨装配式 π 形组合梁的所有构件的工期为 4.5d，见表 5.6。

装配式 π 形组合梁一体化架设工艺工效分析   表 5.6

步 骤	主 要 工 序	持续时间(d)	备 注
1	最前跨墩柱安装及连接	0.5	
2	最前跨墩柱连接等强	1.5	
3	中间跨 π 形主梁安装		与 2 同步
4	最前跨盖梁安装及连接	0.5	
5	最前跨盖梁连接等强	1.5	
6	中间跨纵向湿接缝浇筑及等强		与 5 同步
7	架桥机过跨	0.5	
8	重复 1~7 步,安装下一跨		
	合计	4.5	

5.2.2 预制安装质量控制要点

1)预制盖梁安装质量控制要点

盖梁在安装过程中应做好质量控制,主要控制要点如下:

①在装卸和运输过程中,与钢丝绳等刚性物件之间需放置橡胶垫等,防止损伤构件棱角,并采取有效措施防止构件变形。

②在与墩柱拼接缝位置,墩柱上要布置调节垫块,盖梁安装就位后要设置临时支撑措施。

③预制盖梁安装时,应对接头混凝土面进行凿毛处理,应对预埋件进行除锈处理。

④盖梁与墩柱的连接采用灌浆连接套筒时,套筒中使用的高强无收缩水泥灌浆料的技术指标应符合设计规定。高强无收缩水泥灌浆料应在拼装前一天进行流动度测试及 1d 龄期抗压强度测试,符合设计规定后方可用于现场拼装连接。

⑤砂浆垫层要及时进行养护。

盖梁预拼装及测量定位如图 5.48、图 5.49 所示。

2)预制墩柱安装质量控制要点

预制管墩安装各工序质量控制要点如下:

图5.48 盖梁预拼装

图5.49 盖梁测量定位

(1)承台预留孔验收

①承台预留孔准确测设纵横轴线,并标示在承台顶面上方并弹出预制管墩就位外边线;预留孔与预制件接触面均应采用钢丝刷处理。

②清除承台预留孔孔内的杂物,确保预留孔内清洁、干燥。

③为防止预制管墩安装后底部偏移较大,先将承台底部预留孔内标注出轮廓线,并在轮廓线外安装4根直径16mm钢筋作为固定点,如图5.50所示。

图5.50 桩轮廓

(2)预制管墩验收

安装前对预制管墩各部位尺寸进行校核检验,保证预制管墩安装后柱顶高程和竖直度符合设计要求,并在预制管墩侧面用墨线弹出中线和高程控制线,以便就位时控制其位置。管墩构造如图5.51、图5.52所示。

(3)调平层施工

预制墩柱底面与承台接触的位置设置一层2cm厚的高强砂浆(高强无收缩水泥灌浆料)调平层,保证墩柱安装后的竖直度。调平层施工如图5.53所示。

图 5.51　墩顶外露钢筋　　　　　　　　图 5.52　抗剪结构

图 5.53　调平层施工

(4)预制管墩安装、固定

①先采用钢丝刷将预制管墩连接部位清理干净,管墩采用钢丝绳吊运的方法吊装至翻转胎架上,为防止钢丝绳对管墩造成损坏,在钢丝绳与管墩接触面铺土工布。管墩下放如图5.54所示。

图 5.54　管墩下放

②管墩下放后,距墩顶1m处、底部1.5m处安装抱箍,防止起吊时损伤混凝土。抱箍安装完成后利用织布吊带起吊至翻转胎架,此时两端受力点由固定托架转变至翻转胎

架和抱箍,翻转胎架起吊时,胎架随着抱箍吊点起吊而翻转。管墩安装如图5.55、图5.56所示。

图 5.55　抱箍安装

图 5.56　织布吊带

③安装时采用汽车式起重机将预制管墩对准轴线位置垂直下放到预留孔内,并保证预制管墩底部外圈正确落入固定点,起吊时人工配合要放慢下落速度。管墩翻转、入孔如图5.57、图5.58所示。

图 5.57　翻转胎架吊装

图 5.58　预制管墩入孔

④预制管墩起吊就位后采用全站仪方向进行竖直度检测,并保证法线对接精准度,如图5.59、图5.60所示。

⑤现场预制管墩采用千斤顶微调底部抱箍控制竖直度,管墩现场用水平尺、全站仪检测合格后用木楔及钢楔临时固定,在确保稳定后方摘去吊钩,如图5.61、图5.62所示。

(5)承台预留孔与预制管墩连接处灌浆

①墩柱安装完成后进行高强度无收缩灌浆料灌浆作业。灌浆料强度不小于C80强度,待现场灌浆料强度达到80%时,移除固定木楔,采用灌浆料填充木楔固定孔位。

图5.59 全站仪竖直度检测

图5.60 水平尺竖直度检测

图5.61 千斤顶微调

图5.62 管墩固定

②灌浆前应充分湿润基础表面。先在桶内倒入一半预混料及全部拌和水和外加剂，采用强制搅拌机搅拌5~8min，待灌浆料从粉体转变成黏稠状液体时，将剩余预混料全部倒入桶中，再搅拌5~8min，确保灌浆料全部转变为黏稠状液体。灌浆拌和施工如图5.63、图5.64所示。

图5.63 灌浆料拌和

图5.64 灌浆施工

③对拌和好的灌浆料进行试验,并预留灌浆料试件,如图5.65、图5.66所示。

图5.65 灌浆料试验

图5.66 灌浆料试件

(6)填芯施工

待压浆料强度不低于设计强度等级的80%后进行墩底填芯混凝土施工。填芯前先将预制管墩内壁浮浆清理干净,并采用内壁涂刷水泥净浆、混凝土界面剂以及补偿收缩混凝土、微膨胀混凝土等措施,提高填芯混凝土与预制管墩墩身混凝土的整体性,如图5.67所示。

预制管墩下缘填芯混凝土采用导管灌注混凝土施工工艺。导管口距离填芯混凝土底部30~50cm,填芯混凝土按设计用量一次灌注完成后,提升并抽离导管。预制管墩上缘填芯混凝土采用现浇混凝土施工工艺,底部采用托板,安放钢筋,混凝土采用振动棒振捣密实。

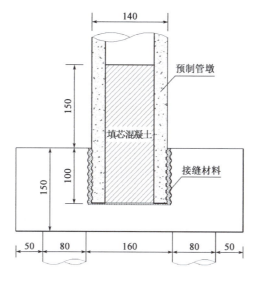

图5.67 填芯施工示意图(尺寸单位:cm)

(7)质量措施

①结构预制构件必须通过系统的质量检验方可进入组装现场,现场应对预制构件的混凝土抗压强度、外观质量、尺寸偏差、保护层厚度等进行检测。

②预制管墩吊装就位时,应缓慢平稳,防止撞伤预留孔及预制管墩。

③预制管墩翻转竖直起吊后,采用刷子清洁抗剪结构端,或采用水枪清理,清理杂物的同时湿润混凝土构件,利于构件与灌浆料之间更好地连接。

④调平层施工保证顶面水平,采用水平尺控制;预制管墩须进行进场验收,严格把控墩柱顶底面与墩身垂直度。调平层水平控制、冷弯波纹钢管管壁竖直度控制、墩柱吊装竖直度控制是保证工业化桥梁预制构件拼装质量的重难点因素,过程中须严格把控施工精度。

⑤墩柱竖直度控制主要靠吊装时法线对接,千斤顶微调控制竖直度,调整后及时固定。

预制管墩墩身实测项目见表5.7。

预制管墩墩身实测项目 表5.7

项次	检查项目		规定值或允许偏差	检查方法和频率
1	混凝土强度(MPa)		在合格标准范围内	按相关规范
2	断面尺寸(mm)	外轮廓	±15	尺量:测2个断面
		壁厚	±10	
3	高度(mm)		±10	尺量:测中心线
4	平整度(mm)		≤5	2m直尺;每侧面测一处,每处测竖直、水平两个方向
5	支座垫石预留锚孔位置(mm)		≤10	尺量:每个检查
6	墩顶预埋件位置(mm)		≤10	尺量:每件测

3)组合梁安装质量控制要点

对于钢梁现场安装或组合梁场下组合后桥上安装,施工中的质量控制要点如下:

(1)钢梁安装

①对于采用支架安装的钢主梁,支架纵、横向顶部高程宜与梁底拼装线形相吻合,同时应考虑预拱度、支架受力、温度变形等影响。

②宜通过预拼装、匹配件技术提高钢主梁安装精度。

(2)钢梁连接

如采用焊接进行连接,钢梁经调位并经测量复核无误后即可开始对钢梁拼缝等进行对接焊接形成整体,施焊时严格控制焊接参数、线能量,保证焊缝内部及外观质量,如图 5.68、图 5.69 所示。

图 5.68　钢梁拼装接缝焊接

图 5.69　钢梁拼装接缝涂装

(3)梁的位置与高程

①梁段或节段中线与设计轴线的偏位应小于 10mm;相邻节段中线差应小于 10mm。

②在墩台处和跨中处梁段高程偏差应小于 10mm;梁段间或节段间高差应小于 5mm。

③支座处支承中心偏位应小于 10mm。

(4)桥面板和湿接缝施工

桥面板组装和湿接缝施工质量控制要点见 5.1 节。

(5)线形控制

安装线形主要考虑的影响因素有安装方法步骤、制造偏差、气温、吊装构件的变形、支承或结构变形、施工荷载等,应采取措施,消除不利影响,提高安装精度。高程相对于施工控制基准值误差不大于 10mm,横向误差不大于 5mm。

5.3　工程应用

盐港东立交工程为深圳市首个预制装配式项目,上部结构采用混凝土箱梁,下部结构采用花瓶式独柱墩或双柱墩,箱梁及墩柱均采用预制装配施工,在部分区段试点应用了一体化架桥机,本节主要介绍一体化架桥机施工应用情况。

5.3.1 工程简介

盐港东立交工程为多路交汇所形成的大型枢纽立交工程,是深圳市主要干线网络中重要的节点,是实现各个区域交通流转换的重要设施。项目位于深圳市盐田区盐田港东港区北面,立交北接坪盐通道,东接盐坝高速公路及东港区进港路,西接盐坝高速公路及龙盐快速路。

项目施工范围包括新建 10 条匝道,项目选取 C1、D2 匝道桥直线段作为一体化架桥机试点应用,应用范围如图 5.70 所示。试点段上部结构采用跨径 35m 混凝土箱梁,箱梁及墩柱均采用预制装配施工,箱梁节段梁长 3m,桥面宽 9.3m,最大质量约 77t。

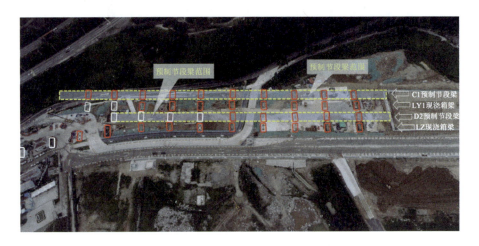

图 5.70　一体化架桥机应用范围示意图

5.3.2 落地前支腿一体化架桥机

1) 装备构造

TP120 预制装配式一体化架桥机(以下简称架桥机)由主梁框架、120t 天车、100t 天车、前支腿、前中支腿、后中支腿、后支腿、吊具和吊挂等组成,可以完成墩距 40m 桥梁的拼接架设。架桥机主梁框架由两条结构相同的主梁通过主梁两端的横联架和前横联杆组成一个整体框架式结构,两台天车两支腿分别支承在两主梁顶部的导轨上,可沿主梁纵向移动,如图 5.71 所示;拼接就位的节段梁块通过 4 条吊索分别悬挂在两主梁上。架桥机设计参数见表 5.8。

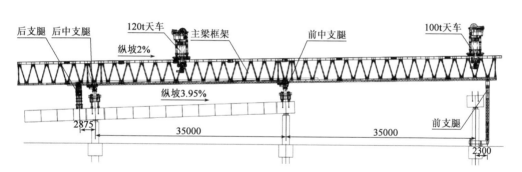

图5.71 一体化架桥机作业状态示意图(尺寸单位:mm)

一体化架桥机设计参数(适用于5~15m墩高)　　　　　表5.8

序号	名　称	参数说明	备　注
1	设备名称	TP120节段拼装架桥机	
2	操作	远程	
3	额定起质量	120t(前天车)/100t(后天车)	
4	施工桥跨	35m	预留40m能力
5	最大悬挂质量	500t	
6	最大节段质量	≤120t	
7	最大纵向坡度	4%	
8	最大横向坡度	3%	
9	最小曲率半径	500m	
10	喂梁方式	桥下/桥上	
11	动力条件	380V,50Hz	
12	前、后天车起升速度	0~2.5m/min	变频调速
13	前、后天车运行速度	0~15m/min	变频调速
14	前、后天车起升高度	25m	吊具以下
15	天车吊具	360°回转	双向调整坡度4%
16	工作级别	A3,M4	

2)主要部件

该架桥机主要由前支腿、中支腿、后支腿、主桁框架、起重天车、吊具、吊挂、辅助天车、电气系统、液压系统等组成。主要结构件采用Q345C(型材为Q345B)及以上钢材。

(1)前支腿

前支腿固定铰接在主梁最前端,在主梁过孔时随主梁一起移动,前支腿可支撑在地面或梁面上。前支腿设计为三层伸缩套结构,伸缩长度满足架设桥墩及最后一孔上桥台使用。前支腿结构主要由顶升油缸、内外伸缩套、横梁以及锚固在桥墩承台上的支腿垫梁组成。伸缩套通过设置在两侧的环链电动葫芦来调节伸缩的长度,顶升油缸行程1m,用来抵消前悬臂后的主梁下挠,如图5.72所示。

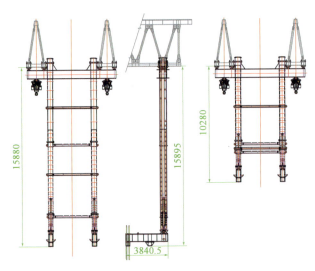

图5.72 前支腿示意图(尺寸单位:mm)

(2)中支腿

中支腿是整个架桥机的主要支撑部件。其主要功能为支撑和顶升整个架桥机、驱动架桥机前移过孔和横移。通过起重天车吊运进行前、后移动。中支腿安装到位后需使其与已安装墩顶节段梁上的吊装点进行锚固。中支腿设置有顶升油缸及横坡调整垫墩,顶升油缸行程为1000mm,可实现整体卸载,满足支腿坡度站位、倒运要求。中支腿的纵移油缸通过推动主梁底部的纵推轨道,驱动主梁行进过孔,如图5.73所示。

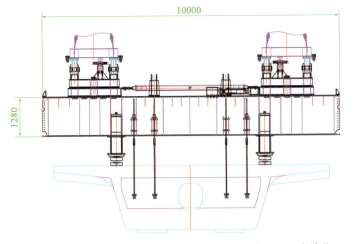
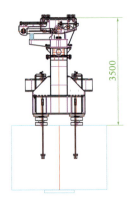

图5.73 中支腿示意图(尺寸单位:mm)

(3)后支腿

后支腿上部采用滑板支撑主梁,过孔时后支腿下横梁锚固在已架节段梁上,主梁后部在后支腿滑板上滑行。后支腿需要固结主梁时采用精轧螺纹钢固定于主梁的下弦杆上,可随主梁动作,亦可对固定位置进行调整,通过反挂轮行走进行变跨。后支腿的主要作用是在向前倒运中支腿及主机过孔前移前阶段的辅助支撑。支腿采用了伸缩套结构形式,其上设置有伸缩油缸方便调整高度,同步升降,油缸行程800mm。支腿横梁下部设置四点铰座支撑,四点可单独调整高度适应梁面坡度,如图5.74所示。

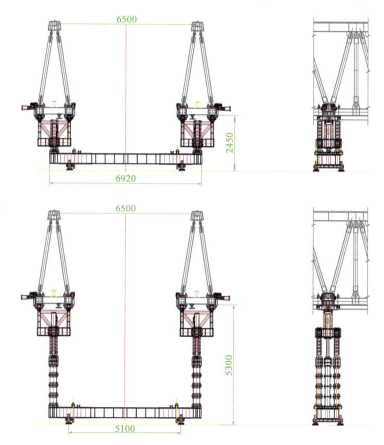

图5.74 后支腿示意图(尺寸单位:mm)

后支腿上部设置走行及挂轮机构,支腿依靠油缸收起,悬挂在主梁下弦杆上,采用减速机驱动可实现自行倒运,安全、简便、快捷,提高过孔效率。

(4)主梁

主桁为两条三角桁架梁与横联组成的框架,横联设置在主梁前、后端部,每根主梁总长约为89.3m,分为9节,单节段最长为10m,节段高度为4.15m,弦杆和腹杆间采用销轴连接,可拆散运输。主梁节段间采用双头螺柱对拉连接,在中支腿支撑位置设置有加强结构。主梁上弦铺有供起重天车行走的纵移轨道,下弦底部设计有架桥机前移过孔的纵推轨道。同时为方便操作,在主梁上设置有工作平台,如图5.75所示。

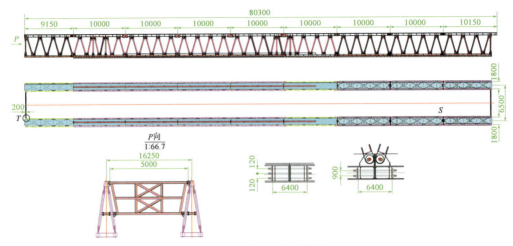

图 5.75　主梁示意图(尺寸单位:mm)

(5)起重天车

起重天车共两台,分为前天车和后天车,前天车起质量120t,安装墩身、墩顶块,后天车起质量100t,安装节段梁,如图5.76所示。起重天车采用PLC控制系统,起升机构和走行机构均可变频调速,卷扬机为1台,满足起升载荷及起升高度要求。卷扬机配有排绳器,高速端采用块式制动器制动,低速端采用盘式制动器制动,并配有载荷限制器和限位开关,保证起升机构的安全可靠性。起重天车行走为4台车8轮,全驱动布置,每组台车上还安装有电动液压防风铁锲制动器。起重天车具备横向调节功能,横向调节通过液压油缸来实现。

起重天车动力采用恒张力电缆卷筒供电,整机动作通过无线遥控器控制。

(6)回转吊具

吊具为全旋转,通过油缸实现纵、横坡±4%的调整范围,吊具调整泵站下置。无线遥控控制,操作人员可以在拼接梁面范围内的适当位置进行作业。回转为减速电机驱动,采用变频调速控制,电机(包含泵站电机)供电采用电缆卷筒。

吊挂分为两种:墩顶块吊挂和普通节段吊挂,如图5.77所示。墩顶块吊挂与墩顶块8点连接,普通吊挂与节段梁4点连接,它们通过高强度精轧螺纹钢筋吊杆把节段梁悬挂在主梁上。吊挂上部与主梁均为四吊点连接,方便调整节段块倾斜角度。吊挂横梁底面距离梁面预留一定间隙,以便安装临时张拉支座,且考虑曲线工况,吊挂上部连接为可横移调整连接。

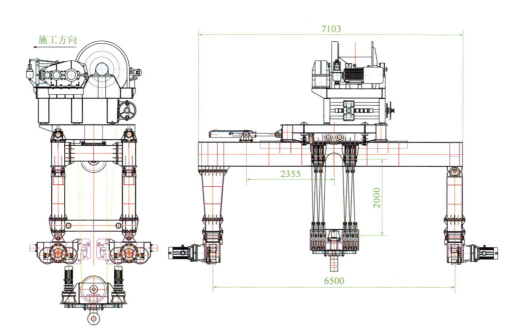

图 5.76 起重天车示意图(尺寸单位：mm)

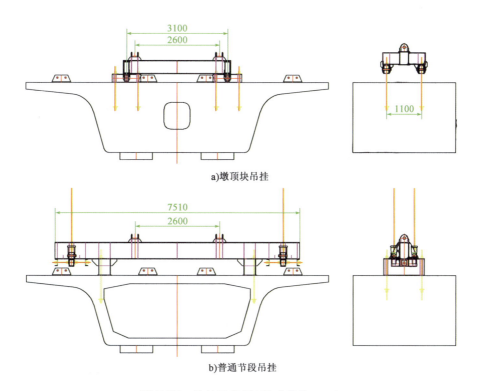

a)墩顶块吊挂

b)普通节段吊挂

图 5.77 吊挂示意图(尺寸单位：mm)

5.3.3 实施效果

1）现场实施

采用一体化架设技术,现场实施情况如图 5.78、图 5.79 所示。

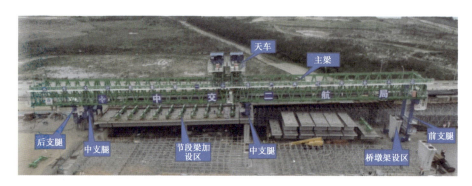

图 5.78　一体化架桥机总图

a)前支腿支撑

b)可伸缩前支腿

c)墩柱安装

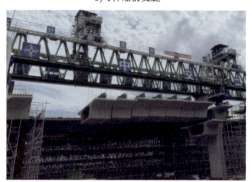

d)节段梁安装

图 5.79　现场实施情况

2）经济效益分析

一体化架桥机在深圳盐港东立交项目的两幅匝道桥的建设过程中得到成功应用。采用一体化架设工艺，相比履带式起重机安装墩柱、常规架桥机安装节段梁，在工期上要少15d。与正常施工相比较，节约费用如下：

①项目部职工工资及五险一金：40万元/月，共节约 $0.5 \times 40 = 20$（万元）。

②项目部的正常行政开支：10万元/月，共节约 $0.5 \times 10 = 5$（万元）。

③项目部施工所用120t履带式起重机：20万元/月，共节约 $0.5 \times 20 = 10$（万元）。

④项目部施工所用80t汽车式起重机：10万元/月，共两台，共节约 $0.5 \times 20 = 10$（万元）。

⑤项目部需为履带式起重机进行的场地加固平整：500元/m^2，共400 m^2，共节约 $0.05 \times 400 = 20$（万元）。

⑥项目施工工期紧张，延长工期估算的其他费用约35万元。

共节约成本合计：$20 + 5 + 10 + 10 + 20 + 35 = 100$（万元）。

3）社会效益分析

采用一体化架桥机安装预制墩柱及节段梁的工艺，相比传统的履带式起重机安装墩柱、常规架桥机安装节段梁的工艺，具有环境交通干扰小、施工快速、场地处理量小的优势，尤其是在交通繁忙、临时用地少的城市改扩建项目中，其优势尤为明显。

依托深圳盐港东立交项目，开展了预制墩柱及混凝土节段梁的一体化安装研究，研究成果涉及全预制装配式桥梁的一体化架设工艺及一体化架桥机装备，研究成果直接用于项目两幅匝道桥的施工，首次实现了混凝土节段梁与预制墩柱的同步一体化安装。

装配式的施工方法通过数十年的研究应用，在设计方法、施工技术上得到了长足的发展。然而，在城镇化建设快速发展和公路改扩建需求日益增长的情况下，在国家重视环境影响、倡导"低碳交通、以人为本"的新形势下，传统的装配式桥梁建造技术仍然存在许多不足。一体化架设工艺及装备具有的独特优势使其在城市化地区的改扩建项目中具有广泛的应用前景。

研发的一体化架桥机，主要由主梁安装跨及墩柱安装跨组成，将节段梁的安装与预制墩柱的安装工作面集成到架桥机上，使得装备具备了同步安装上、下部结构的能力，提升了预制构件的安装速度。此外，一体化架桥机的前支腿支撑在承台的挑梁上，无须落地,大大减少了场地整平、挖填等处理量。该产品的研发为我国装配式桥梁的快速化施工技术提供了技术支持。

综上所述,一体化架设工艺及装备的研究具有很大的现实意义,将进一步推动桥梁建设工业化技术的发展,为交通基础建设事业带来良好的社会效益和经济效益。

第 6 章
CHAPTER 6

关键连接材料的研究与应用

为加快装配式桥梁预制构件间的连接速度,充分发挥一体化架设工艺施工快速的优势,有必要开展高性能连接材料的研究。本章主要内容为套筒连接用高性能灌浆料和预制桥面板或钢混组合间连接用的早强高韧性超高性能混凝土(UHPC)连接材料的开发研制。此外,还开展了预制桥面板间 UHPC 连接的力学性能试验,结果表明,早强高韧性 UHPC 连接材料用于湿接缝能有效减少湿接缝宽度,增强接缝的力学性能。

6.1 高性能灌浆料

6.1.1 性能要求及关键指标

根据《钢筋连接用套筒灌浆料》(JG/T 408—2019)的规定,钢筋连接用套筒灌浆料需满足表 6.1 所示的各项性能要求。

钢筋连接用套筒灌浆料的技术性能 表 6.1

检 测 项 目		性 能 指 标
流动度(mm)	初始	≥300
	30min	≥260
抗压强度(MPa)	1d	≥35
	3d	≥60
	28d	≥85
竖向膨胀率	3h	0.02%~2%
	24h 与 3h 差值	0.02%~0.4%
氯离子含量		≤0.03%
泌水率		0

(1)高强度:套筒与钢筋、钢筋与钢筋之间是依靠灌浆料的凝结硬化牢固黏结的,灌浆料对钢筋产生握裹力,使其在一定的拉力下不被拔出,确保结构的安全性。因此,灌浆料的高强度是其基本性能。此外,为加快工程进度,灌浆料还需具有较高的早期强度。

(2)大流动度:钢筋灌浆套筒通常预埋在预制混凝土构件底部,连接时在灌浆套筒中插入带肋钢筋后通过注浆孔道注入灌浆料;也有将灌浆套筒预埋在竖向预制构件顶部,连接时在灌浆套筒中倒入灌浆料拌合物后再插入带肋钢筋的连接方式。两种施工方式都需要灌浆料具备较高的流动度且不能离析、分层,才能确保灌浆料顺利灌入套筒并填充饱满。此外,为适应施工现场施工的不确定性,灌浆料需具备较长的可操作时间,即灌浆料的经时流动度损失要小。

(3)微膨胀性:水泥在水化过程中会产生收缩,一方面使得浆体硬化后于套筒内壁脱粘,另一方面在收缩受到约束而得不到释放时产生拉应力,拉应力超过灌浆料的抗拉强度就会导致裂缝的产生,使得力学性能下降、耐久性劣化。因此,通常在灌浆料中掺入膨胀剂,以改善其体积稳定性。

6.1.2 原材料

灌浆料的性能要求,使得其对原材料的品质要求较高,研究选用的原材料如下:

(1)硅酸盐水泥:相较于普通硅酸盐水泥,硅酸盐水泥熟料中硅酸三钙及硅酸二钙含量高,水化后 $Ca(OH)_2$ 含量高,易于激发活性矿物掺合料的化学活性,使得掺合料中活性 SiO_2 和 Al_2O_3 发生二次水化反应产生水化硅酸钙、水化铝酸钙等新的水化产物,与硅酸盐水泥水化产物叠加作用,最终使硬化浆体获得更高的强度。

(2)粉煤灰:粉煤灰中含有较高比例的活性 SiO_2 和 Al_2O_3,具有较高的水化反应活性。粉煤灰中通常还有大量强度高、堆积状态稳定的玻璃微珠颗粒,当其嵌固于水泥基体内部结构中时,可以改善颗粒的级配,产生密实堆积填充效应,优化孔结构,降低孔隙率,提高水泥浆基体的强度和耐久性。粉煤灰特殊的球形颗粒可在新拌浆体中产生滚珠作用,提高浆体的流动性。此外,优质粉煤灰还可降低浆体硬化过程中的早期收缩。

(3)硅灰:硅灰的比表面积为 $25\sim35m^2/g$,无定型活性 SiO_2 含量为 $93\%\sim98\%$。在水泥水化体系中,硅灰与粉煤灰类似地起着火山灰活性和微集料填充密实效应,且性能更优。

(4)石英砂:集料的硬度对灌浆料的抗压强度至关重要,集料硬度越大,浆体的强度越大。在易得且较经济的细集料中石英砂硬度较高,是配制灌浆料首选的细集料。

(5)聚羧酸减水剂:减水剂的性能对灌浆料的水胶比、流动度起决定作用,此外,还对浆体的和易性、黏稠度以及强度有影响。聚羧酸减水剂掺量低、减水率高、坍落度经时损失率小、硬化收缩率小,适用于配制高强度、大流动度性的灌浆料。

（6）膨胀剂:水泥在硬化过程中会产生体积收缩,这种收缩会影响灌浆料与灌浆套筒之间的紧密握裹。因此,在灌浆料的配合比设计中掺入膨胀剂,通过化学方法使其在硬化过程中产生体积膨胀,补偿收缩、提供微膨胀性能。

（7）纤维素醚:纤维素醚用于水泥基材料中,可改善浆体的工作性能,防止浆体分层、离析和泌水,此外,还具有保水、缓凝功能,减小灌浆料坍落度经时损失率,使浆体具有流变性能的时间延长。纤维素醚的黏度大小对水泥基材料性能的有着重要的影响。因此,在使用中必须注意纤维素醚黏度的选择及正确掺量的确定。

（8）消泡剂:灌浆料在加水搅拌的过程中会将空气带入浆体中,空气被浆体包裹形成气泡。此外,聚羧酸减水剂、纤维素醚具有亲水基团,易形成气泡。灌浆料浆体黏度高,液膜不易变薄,表面活性剂分子的扩散速度慢,导致大量的气泡停留在浆体中。气泡会使硬化后的浆体内部空隙率增大,降低灌浆料的强度。因此,需掺入消泡剂对灌浆料进行抑泡和消泡。

6.1.3 配合比设计

配合比设计试验中,套筒灌浆料试件成型时试验室的温度应为20℃±2℃,相对湿度应大于50%,养护室的温度应为20℃±1℃,养护室的相对湿度不应低于90%,养护水的温度应为20℃±1℃。

1）胶砂比对套筒灌浆料的影响

试验配合比设计见表6.2,设计思路为:水胶比固定为0.28,增大胶砂比,胶凝材料中硅灰、膨胀剂、消泡剂、纤维素醚掺量不变,改变粉煤灰和水泥掺量,减水剂掺量根据建议掺量确定,根据试验结果,选择最优的胶砂比。

调胶砂比试验配合比　　　　表6.2

配合比编号	1	2	3	4	5
水胶比	0.28	0.28	0.28	0.28	0.28
胶砂比	0.7	0.8	0.9	1.0	1.2
减水剂(g)	10.6	11.2	11.8	12.6	14.1
水泥(g)	804	846	895	950	1071

续上表

粉煤灰(g)	50	55	60	65	70
硅灰(g)	35	35	35	35	35
石英砂(g)	1270	1170	1100	1050	980
膨胀剂(g)	0.8	0.8	0.8	0.8	0.8
纤维素醚(g)	0.05	0.05	0.05	0.05	0.05
消泡剂(g)	1	1	1	1	1

根据表6.2制得的套筒灌浆料的流动度强度和膨胀性等基本技术性能的试验值见表6.3。

试 验 数 值　　　　　　　　　　　表6.3

配合比编号		1	2	3	4	5
流动度 (mm)	初始值	270	280	285	280	270
	30min	235	245	255	245	235
抗压强度 (MPa)	1d	31.2	35.4	36.3	36.8	35.2
	3d	61.1	62.0	63.8	65.1	62.2
	28d	74.6	79.1	81.9	82.3	79.4
竖向膨胀率	3h	0.01%	0.01%	0.01%	0.01%	0.01%
	24h	0.15%	0.17%	0.17%	0.18%	0.18%
	24h与3h差值	0.14%	0.16%	0.16%	0.17%	0.17%

由表6.3可见,随着胶砂比的增大,流动度先增后减;随着胶砂比的增大,强度先增后减。配合比1~5配制的灌浆料流动度初始值及30min后保留值均未能符合规范要求,无泌水现象。配合比1的1d抗压强度低于规范规定的35MPa,其余配比28d强度均未能符合规范对强度的要求。在竖向膨胀率指标上,配合比1~5未能符合3h竖向膨胀率的要求,因此由以上数据只能确定胶砂比1.0为最佳胶砂比。

2) 减水剂掺量对套筒灌浆料的影响

基于表6.2对4对套筒灌浆料性能继续开展研究,减水剂掺量为胶凝材料总质量的百分比。改变减水剂掺量为1.0%、1.3%、1.5%、1.7%、1.9%,研究其对套筒灌浆料的流动度、竖向膨胀率以及抗压强度的影响,确定适宜的减水剂掺量。试验配比见表6.4。

调减水剂试验配合比　　　　　　　　　表6.4

配合比编号	1	2	3	4	5
水胶比	0.28	0.28	0.28	0.28	0.28
胶砂比	1.0	1.0	1.0	1.0	1.0
减水剂(g)	10.5	13.6	15.7	17.8	20
水泥(g)	950	950	950	950	950
粉煤灰(g)	65	65	65	65	65
硅灰(g)	35	35	35	35	35
石英砂(g)	1050	1050	1050	1050	1050
膨胀剂(g)	0.8	0.8	0.8	0.8	0.8
纤维素醚(g)	0.05	0.05	0.05	0.05	0.05
消泡剂(g)	1	1	1	1	1

根据表6.4制得的套筒灌浆料的流动度强度和膨胀性等基本技术性能的试验值见表6.5。

试　验　数　值　　　　　　　　　表6.5

配合比编号		1	2	3	4	5
流动度(mm)	初始值	270	285	310	295	290
	30min	235	255	270	275	280
抗压强度(MPa)	1d	36.2	36.8	37.3	34.8	28.2
	3d	62.1	62.3	62.8	61.9	62.0
	28d	84.6	85.1	85.9	84.5	84.4
竖向膨胀率	3h	0.01%	0.01%	0.01%	0%	0%
	24h	0.14%	0.15%	0.15%	0.14%	0.14%
	24h与3h差值	0.13%	0.14%	0.14%	0.14%	0.14%

从表6.5可以看出,随着减水剂掺量的增加,套筒灌浆料的初始流动度先增大后减小,流动度30min保留值逐渐增大;灌浆料的3h竖向膨胀率随着减水剂掺量的增加而减小,而24h竖向膨胀率无明显变化;灌浆料的抗压强度随减水剂掺量的增加无显著变化。聚羧酸的缓凝作用使得同样龄期下水泥的水化率降低,因此灌浆料的3h竖向膨胀率逐渐降低。在胶凝材料和水胶比都不变的情况下,掺入减水剂时浆体的24h竖向膨胀率随减水剂掺量的变化不明显。综合以上影响,减水剂掺量合理掺量为1.5%。

3）膨胀剂掺量对套筒灌浆料的影响

基于表6.2对3对套筒灌浆料性能继续开展研究，膨胀剂掺量为胶凝材料总质量的百分比。改变膨胀剂掺量为0.038%、0.076%、0.114%、0.15%、0.19%，研究其对套筒灌浆料的流动度、竖向膨胀率以及抗压强度的影响，确定适宜的膨胀剂掺量。试验配比见表6.6。

调膨胀剂试验配合比　　　　表6.6

配合比编号	1	2	3	4	5
水胶比	0.28	0.28	0.28	0.28	0.28
胶砂比	1.0	1.0	1.0	1.0	1.0
减水剂（g）	15.7	15.7	15.7	15.7	15.7
水泥（g）	950	950	950	950	950
粉煤灰（g）	65	65	65	65	65
硅灰（g）	35	35	35	35	35
石英砂（g）	1050	1050	1050	1050	1050
膨胀剂（g）	0.4	0.8	1.2	1.6	2
纤维素醚（g）	0.05	0.05	0.05	0.05	0.05
消泡剂（g）	1	1	1	1	1

根据表6.6制得的套筒灌浆料的流动度强度和膨胀性等基本技术性能的试验值见表6.7。

试 验 数 值　　　　表6.7

配合比编号		1	2	3	4	5
流动度（mm）	初始值	305	305	310	310	305
	30min	275	280	280	275	280
抗压强度（MPa）	1d	37.6	37.8	37.6	37.7	38.1
	3d	63.1	62.3	64.0	63.7	62.9
	28d	86.6	85.1	85.9	86.5	87.4
竖向膨胀率	3h	0%	0.01%	0.03%	0.05%	0.08%
	24h	0.09%	0.15%	0.36%	0.56%	0.71%
	24h与3h差值	0.09%	0.14%	0.33%	0.51%	0.63%

由表6.7可见,在竖向膨胀率指标上,配合比1、2未能符合3h竖向膨胀率的要求,配合比4、5的24h与3h差值大于规范要求。因此,由以上数据可以确定当前配比中,膨胀剂用量为1.2g,即掺量为0.114%时为最佳掺量。

4）硅灰掺量对套筒灌浆料的影响

由于硅灰的比重轻且细度高,在套筒灌浆料中掺入一定量的硅灰有利于提高整体的密实度和强度。研究表明,硅灰对浆体流动度有促进作用。由于硅灰表面覆盖了一层活性物质,这种活性物质使颗粒间的静电斥力大于硅灰颗粒之间的凝聚力,可使水泥颗粒进一步分散,而水泥颗粒的粒径远大于硅灰粒径,硅灰在水泥之间可起到润滑作用,因此,硅灰的掺入可以增加浆体的流动性。基于表6.6对3对套筒灌浆料性能继续开展研究,以硅灰占总胶凝材料的0、2%、4%、6%、8%进行试验。对灌浆料的流动度、抗压强度和膨胀性等各项性能进行测试。具体配合比见表6.8。

调硅灰掺量试验配合比　　　　表6.8

配合比编号	1	2	3	4	5
水胶比	0.28	0.28	0.28	0.28	0.28
胶砂比	1.0	1.0	1.0	1.0	1.0
减水剂(g)	15.7	15.7	15.7	15.7	15.7
水泥(g)	985	964	943	922	901
粉煤灰(g)	65	65	65	65	65
硅灰(g)	0	21	42	63	84
石英砂(g)	1050	1050	1050	1050	1050
膨胀剂(g)	1.2	1.2	1.2	1.2	1.2
纤维素醚(g)	0.05	0.05	0.05	0.05	0.05
消泡剂(g)	1	1	1	1	1

根据表6.8制得的套筒灌浆料的流动度强度和膨胀性等基本技术性能的试验值见表6.9。

试　验　数　值　　　　表6.9

配合比编号		1	2	3	4	5
流动度(mm)	初始值	300	305	315	295	290
	30min	275	280	280	275	270

续上表

抗压强度 （MPa）	1d	30.6	34.8	40.6	37.9	36.1
	3d	56.1	59.3	68.0	64.7	63.9
	28d	71.6	79.1	88.9	86.5	84.4
竖向膨胀率	3h	0.03%	0.03%	0.03%	0.04%	0.04%
	24h	0.37%	0.36%	0.37%	0.39%	0.38%
	24h与3h差值	0.34%	0.33%	0.34%	0.35%	0.34%

由表6.9可见，随着硅灰掺量的增加，套筒灌浆料的初始流动度和30min流动度先增大后减小。在一定掺量范围内，硅灰对套筒灌浆料起到了润滑的作用，流动度有一定幅度的增加。抗压强度在硅灰掺量为4%时达到峰值，此掺量下的1d抗压强度为40.6MPa，3d抗压强度为68.0MPa，28d抗压强度为88.9MPa，继续增加硅灰掺量，抗压强度减小，但幅度很小。因此，硅灰的最佳掺量为4%。试验还发现，随着龄期的增长，强度增长较为明显。

5）硫铝酸盐与碳酸锂掺量对套筒灌浆料的影响

随着建筑材料研究技术的进步，材料产业的飞速发展，水泥基灌浆料逐步向高性能早强灌浆料发展，早强灌浆料能在较短时间内达到较高的强度，有利于缩短工序时间，加快工程进度。在普通型套筒灌浆料配比的基础上，采用普通硅酸盐水泥与硫铝酸盐水泥混合，配合使用早强剂碳酸锂，以期获得早强性能优良的灌浆料，试验配比见表6.10。

高性能早强套筒灌浆料试验配比　　　　　表6.10

配合比编号	1	2	3	4	5	6
硅酸盐水泥	80%	90%	100%	90%	90%	90%
硫铝酸盐水泥	20%	10%	0%	10%	10%	10%
碳酸锂占硫铝酸盐水泥百分比	0%	0%	0%	0.03%	0.04%	0.05%

根据表6.10制得的套筒灌浆料的流动度强度和膨胀性等基本技术性能的试验值见表6.11。

从表6.11试验数据可看出，配合比1、2、3随着硫铝酸盐水泥掺量增加，流动度逐渐减小，3h和1d强度逐渐增加，竖向膨胀率的3h和24h与3h差值逐渐增加。配合比1、2低于配合比3的28d强度，随着硫铝酸盐水泥掺量的增加，强度损失越来越多。

套筒灌浆料基本性能　　　　　　　表6.11

配合比编号		1	2	3	4	5	6
流动度（mm）	初始值	290	310	315	305	300	300
	30min	250	270	290	275	265	255
抗压强度（MPa）	3h	4.6	2.7	—	37.9	41.8	41.9
	1d	42.1	41.3	39.7	64.7	66.9	67.0
	28d	85.1	87.1	89.9	106.5	105.4	103.7
竖向膨胀率	3h	0.05%	0.04%	0.03%	0.09%	0.12%	0.12%
	24h	0.46%	0.42%	0.37%	0.46%	0.50%	0.50%
	24h与3h差值	0.41%	0.38%	0.34%	0.37%	0.38%	0.38%

以上结果产生的原因在于普通硅酸盐水泥掺入硫铝酸盐水泥后，水泥凝结的时间随着时间的推移会逐渐缩短，水泥凝结时间缩短的主要原因是硫铝硅酸盐水泥掺入普通硅酸盐水泥后，硫铝硅酸盐水泥中的矿物质对水化环境异常敏感。矿物质与水化速度呈正比，从而提高了水化溶液的pH值，矿物质的水化速度会随之加快。查文献知强度损失是因为两种水泥复配后，最终的强度低于两种水泥任何单种水泥后期强度。

综合前三组配合比试验数据，选出满足《钢筋连接用套筒灌浆料》（JG/T 408—2019）的规定，较原配比3h强度有所提升的配合比2，在配合比2的基础上加入早强剂碳酸锂，掺量分别是硫铝酸盐水泥的0.03%、0.04%、0.05%，得出配合比4、5、6试验数据。从配合比4、5、6试验数据中可以发现，初始流动度和30min流动度均随着碳酸锂掺量的增加逐渐降低，配合比6的流动度已不满足《钢筋连接用套筒灌浆料》（JG/T 408—2019）的规定。配合比4的流动度满足《钢筋连接用套筒灌浆料》（JG/T 408—2019）的规定，但抗压强度3h未能超过40MPa。配合比5的抗压强度3h超过40MPa。配合比4、5、6的28d抗压强度均低于配合比2。灌浆料的3h竖向膨胀率随着碳酸锂掺量的增加而增大，24h与3h差值相对于配合比2无明显变化。碳酸锂的加入能够加快硫铝酸盐的水化反应，从而使凝结时间加快，达到早强的效果。但碳酸锂的加入会使后期强度降低，当掺量超多0.04%时，早期强度变化趋于平稳。

综合配合比1~6的试验结果可知：硫铝酸盐水泥掺普通硅酸盐水泥能够加快反应速率，提升早期强度，配合碳酸锂的使用能够得到既满足《钢筋连接用套筒灌浆料》（JG/T 408—2019）的规定，又满足抗压强度3h达到40MPa的高性能套筒灌浆料。因此,在普通型套筒灌浆料的基础上,采用硫铝酸盐占水泥用量的 10%,碳酸锂掺量为硫铝酸盐水泥用量的 0.04%,可得到高性能套筒灌浆料配比。

综合以上研究,可得到最佳高性能灌浆料配合比,见表 6.12。

套筒高性能灌浆料最优配比　　　　表 6.12

硅酸盐水泥	硫铝酸盐水泥	粉煤灰	硅灰	胶砂比	水胶比	减水剂	膨胀剂	纤维素醚	消泡剂	碳酸锂
0.9	0.1	0.069	0.045	1.0	0.28	0.017	1.3‰	0.053‰	1.06‰	0.04‰

6.1.4 高性能灌浆料的工程应用

深圳盐港东立交项目位于盐田区东港区北面,与盐坝高速公路、在建坪盐通道、拟建盐龙快速路、东港区进港路交叉,为 5 路交叉的大型枢纽立交。项目为深圳市首个预制装配式桥梁试点项目,项目选取 C1、D2 匝道桥共 700m 直线段作为预制装配式桥梁试点,预制构件包括预制墩柱、预制节段梁,其中预制墩柱共计 87 个。墩柱与承台之间采用灌浆套筒连接工艺,套筒内通过高性能灌浆料填充在钢筋与连接套筒间隙,硬化后形成接头。灌浆套筒连接构造如图 6.1 所示。

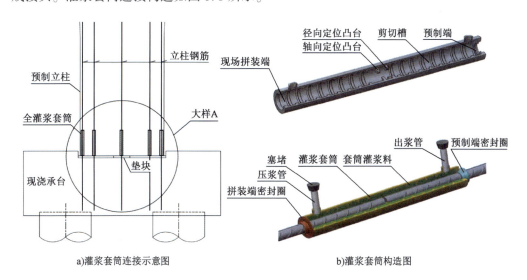

a) 灌浆套筒连接示意图　　　　b) 灌浆套筒构造图

图 6.1 灌浆套筒连接

项目采用高性能灌浆料,3d 强度可超过 80MPa。经现场实测,如图 6.2 所示,灌浆料的各项指标均满足相关规范要求。

项目灌浆套筒连接工艺主要施工流程如图 6.3 所示。

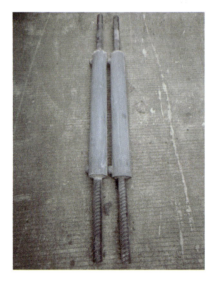

图6.2 套筒及灌浆料现场试验

a)灌浆套筒清洗

b)墩柱预拼装

c)坐浆准备

d)坐浆完成

图 6.3

e)套筒灌浆　　　　　　　　　　　f)灌浆完成

图 6.3　灌浆套筒施工流程

6.2　早强高韧性 UHPC 连接材料

UHPC 的基本配制原理可以概况为:根据最大密实理论,除去集料中的粗集料,通过增加原材料的细度和提高组分的反应活性等途径,增大材料的密实度,使得 UHPC 具有很高的力学强度和优良的耐久性。制备 UHPC 的活性成分主要包括优质水泥、硅粉等,其活性成分的粒度范围为 0.1～100μm。此外,制备 UHPC 时,一般还掺入石英砂、微细钢纤维、高效减水剂,以及改善工作性能的粉煤灰漂珠等。

UHPC 的配合比设计主要遵循以下原则:

(1)通过增加原材料的细度和提高组分的反应活性等途径,增大材料的密实度;

(2)采用高效减水剂大幅度降低 UHPC 材料配制的水胶比;

(3)除去集料中的粗集料,提高材料的匀质性;

(4)添加钢纤维,提高材料的韧性和延性。

6.2.1　原材料

UHPC 的原材料选择如下:

水泥:PO42.5 水泥;集料:石英砂,级配比例为(20～40 目):(40～80 目):(80～120 目)=3:5:2;掺合料:硅灰、粉煤灰;减水剂:减水率大于40%的高性能聚羧酸减水剂;镀铜微丝钢纤维的长度为 13mm,直径为 0.2mm,拉伸强度不低于 2850MPa。

初步拟定 UHPC 的基准配制比例,见表 6.13。

UHPC 的基准配制比例 表 6.13

水 泥	硅 灰	石 英 砂	减水剂	水胶比
1	0.2	1	0.07	0.18

初始配合比的水泥用量为 933kg/m³,钢纤维体积掺量 2% 为 157kg/m³,水胶比为 0.18,减水剂初始掺量设为胶凝材料的 6%（实际掺量根据浆体流动性做适当调整,用水量扣除减水剂中的水,控制减水剂掺量在 5%～9% 之间,使混凝土坍落度达到 180mm,扩展度大于 400mm,确定最终的减水剂掺量）,则 UHPC 的初始配合比见表 6.14。

UHPC 的基准配合比（单位:kg/m³） 表 6.14

水 泥	硅 灰	石 英 砂	减水剂(固含量)	钢 纤 维	水
933	187	1120	13.4	157	201.6

在 UHPC 的基准配合比的基础上,系统研究不同水胶比、胶砂比、钢纤维掺量、掺合料掺量、外加剂掺量对 UHPC 工作性能和力学性能的影响,最终得出适宜配合比。

测定 UHPC 的坍落度、扩展度和 3d、7d、28d 的抗压强度,另外,对不同钢纤维掺量 UHPC 的 28d 抗折强度进行测定。

6.2.2 配合比设计

针对 UHPC 性能的影响因素（水胶比、胶砂比、掺合料掺量、外加剂掺量、钢纤维掺量）分别进行配合比参数优化。UHPC 强度测试采用 100mm×100mm×100mm 试件。

1) 水胶比

水胶比是影响混凝土强度的主要因素。水胶比过大时强度得不到保证,同时会加大混凝土的孔隙率,水胶比过小则会影响混凝土的工作性能。UHPC 对强度要求较高,因此通常配制时采用的水胶比较低,一般小于 0.25。研究的水胶比参数为 0.17、0.19、0.21、0.23。水胶比配合比见表 6.15,其对 UHPC 力学性能的影响如表 6.16 和图 6.4、图 6.5 所示。

不同水胶比的 UHPC 配合比（单位:kg/m³） 表 6.15

编号	水胶比	水泥	硅灰	石英砂	钢纤维	水	减水剂(固含量)
R1	0.17	933	187	1120	157	190.4	13.4
R2	0.19	933	187	1120	157	212.8	13.4
R3	0.21	933	187	1120	157	235.2	13.4
R4	0.23	933	187	1120	157	257.6	13.4

水胶比对 UHPC 力学性能的影响　　　　　　　表 6.16

编号	水胶比	工 作 性 能		抗压强度(MPa)		
		坍落度(mm)	扩展度(mm)	3d	7d	28d
R1	0.17	270	470	86.0	84.0	108.1
R2	0.19	280	520	77.6	86.0	92.7
R3	0.21	280	530	81.5	69.5	100.8
R4	0.23	290	550	78.3	75.0	90.9

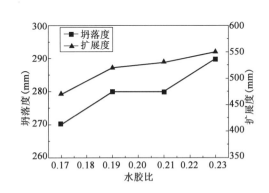 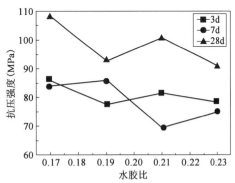

图 6.4　水胶比对 UHPC 工作性能的影响　　图 6.5　水胶比对 UHPC 力学性能的影响

从上述试验结果可以看出,随着水胶比的增大,UHPC 的坍落度和扩展度逐渐变大。UHPC 的强度逐渐降低,28d 强度最高可以达到 108.1MPa。这是由于在水胶比较低时,拌合物的流动性较差,且硅灰的需水量较大,很大程度上降低了体系内能够参与水化反应的自由水的量,导致 UHPC 的黏度提高,其内部包裹的气泡很难被释放出来,致使 UHPC 拌合物的质量较差,试件不能够密实成型,所以强度较低。随着水胶比的不断增加,拌合物的流动性逐渐变好,改善了拌合物的工作性,提高了 UHPC 拌合物的质量,试件容易密实成型,所以强度逐渐提高。当水胶比超过 0.23 以后,对 UHPC 强度起决定性作用的主要是水胶比定则,水胶比增加,强度下降。

2)胶砂比

与普通混凝土中的粗集料一样,细集料砂在 UHPC 中起骨架作用,细集料掺量的大小对拌合物的流动性及成型后试件的强度有较大的影响。为了获得适宜的细集料掺量,研究了不同胶砂比对 UHPC 的工作性能和力学性能的影响。研究的胶砂比为 0.9、1、1.1、1.2,胶砂比配合比见表 6.17,其对 UHPC 力学性能的影响如表 6.18 和图 6.6、图 6.7 所示。

不同胶砂比的 UHPC 配合比(单位:kg/m³) 表6.17

编号	胶砂比	水泥	硅灰	石英砂	钢纤维	水	减水剂(固含量)
R5	0.9	884	177	1179	157	201.6	13.4
R6	1.0	933	187	1120	157	212.8	13.4
R7	1.1	977.5	195.5	1067	157	222.9	13.4
R8	1.2	1018	204	1018	157	232.2	13.4

胶砂比对 UHPC 力学性能的影响 表6.18

编号	胶砂比	工作性能		抗压强度(MPa)		
		坍落度(mm)	扩展度(mm)	3d	7d	28d
R5	0.9	250	400	69.1	69.6	85.6
R6	1.0	260	430	69.3	75.3	91.3
R7	1.1	270	460	68.1	75.9	99.1
R8	1.2	270	560	80.8	82.2	111.3

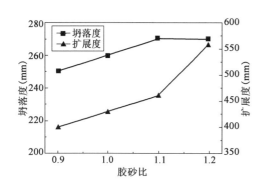

图6.6 胶砂比对 UHPC 工作性能的影响

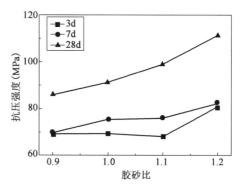

图6.7 胶砂比对 UHPC 力学性能的影响

从上述试验结果可以看出,随着胶砂比的增大,胶凝材料用量增大,UHPC 的工作性能和力学性能分别得到了提高,胶砂比为1.2时的28d 抗压强度达到了111.3MPa。随着胶砂比的增加,胶凝材料所占的比例在增大,包裹细集料所需的浆体量在增加,从而使 UHPC 拌合物的流动度增大。同时,胶凝材料的增加使得 UHPC 的结构更为密实,因而强度也得到了提高。

3)硅灰掺量

硅灰具有良好的填充效应、火山灰效应及形态效应,其作为活性组分常用于 UHPC 的制备。但由于硅灰颗粒非常微小,比表面积很大,需水量高,火山灰活性好,其掺量的多少对拌合物的流动性及成型后试件的强度影响较大。为了获得硅灰的最佳掺量,对比研究了硅灰占水泥掺量分别为0.1、0.15、0.2、0.25时对 RPC 型 UHPC 性能的影响。硅灰掺量配合比见表6.19,其对 UHPC 力学性能的影响如表6.20和图6.8、图6.9所示。

不同硅灰掺量的 UHPC 配合比(单位:kg/m³)　　　　　　　　　　　表6.19

编号	硅灰掺量	水泥	硅灰	石英砂	钢纤维	水	减水剂(固含量)
R9	0.1	1018	102	1120	157	201.6	13.4
R10	0.15	974	146	1120	157	201.6	13.4
R11	0.2	933	187	1120	157	201.6	13.4
R12	0.25	896	224	1120	157	201.6	13.4

硅灰掺量对 UHPC 力学性能的影响　　　　　　　　　　　表6.20

编号	硅灰掺量	工作性能		抗压强度(MPa)		
		坍落度(mm)	扩展度(mm)	3d	7d	28d
R9	0.1	280	500	73.8	71.2	80.6
R10	0.15	270	480	85.0	86.6	96.6
R11	0.2	270	450	82.7	89.3	103.1
R12	0.25	270	450	78.3	89.1	100.8

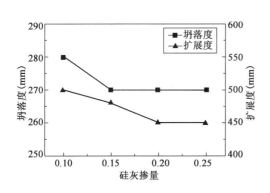

图6.8　硅灰掺量对 UHPC 工作性能的影响

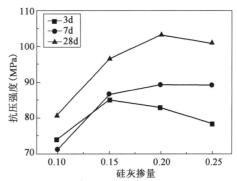

图6.9　硅灰掺量对 UHPC 力学性能的影响

由上述试验结果可知,UHPC 的工作性随硅灰掺量的增加而逐渐减小。原因在于硅灰颗粒非常微小,比表面积大,需水量高,随着硅灰掺量的增加,包裹硅灰所需的用水量也必然增加,所以拌合物的工作性随硅灰掺量的增加而逐渐减小。

硅灰掺量的变化对 UHPC 的强度影响较为明显,随着硅灰掺量的增大,UHPC 的强度出现了先增大后减小的趋势,最高强度达到了 103.1MPa。根据 DSP(Densified System with Ultra-Fine Particles,超细颗粒致密化体系)理论,硅灰填充在水泥颗粒堆积体系的空隙中,可以实现颗粒堆积致密化。硅灰颗粒非常微小,增加硅灰的掺量,可以提高体系的密实度,因而在硅灰掺量较低的时候,掺硅灰是可以提高强度的,但由于硅灰的比表面积很大,所以包裹硅灰颗粒所需的用水量也较大,硅灰掺量的增加必然会降低 UHPC 拌合物的流动性,从而增加拌合物的黏度,导致拌合物内包裹的气泡很难被释放出来 UHPC 强度降低。综合考虑,硅灰掺量定为水泥掺量的 0.2。

4）粉煤灰掺量

粉煤灰具有良好的"三大效应",需水量也比水泥低,在混凝土中掺入粉煤灰来取代部分水泥,可以改善混凝土的工作性,提高混凝土的力学性能和耐久性,还可以降低生产成本。粉煤灰可以很好地改善混凝土的工作性。为了获得粉煤灰替代水泥的最佳取代量,对比研究了粉煤灰替代水泥质量分别为 0.05、0.1、0.15、0.2 时 UHPC 混凝土的工作性能和力学性能。不同粉煤灰掺量配合比见表 6.21,其对 UHPC 力学性能的影响如表 6.22 和图 6.10、图 6.11 所示。

不同粉煤灰掺量的 UHPC 配合比（单位:kg/m³）　　表 6.21

编号	粉煤灰掺量	水泥	硅灰	石英砂	钢纤维	水	减水剂（固含量）
R13	0.05	1011.8	159.4	1018.2	157	232.1	13.4
R14	0.1	965.8	159.4	1018.2	157	232.1	13.4
R15	0.15	923.8	159.4	1018.2	157	232.1	13.4
R16	0.2	885.3	159.4	1018.2	157	232.1	13.4

粉煤灰掺量对 UHPC 力学性能的影响　　表 6.22

编号	粉煤灰掺量	工作性能		抗压强度（MPa）		
		坍落度（mm）	扩展度（mm）	3d	7d	28d
R13	0.05	270	550	70.7	85.5	101.6
R14	0.1	275	600	72.0	88.6	105.8
R15	0.15	280	620	68.0	79.9	90.1
R16	0.2	280	650	64.9	78.5	88.8

上述试验结果反映的是粉煤灰掺量对 UHPC 拌合物工作性能和力学性能的影响。从试验结果可以看出,随着粉煤灰掺量的提高,UHPC 拌合物的工作性得到了明显的提高,最大扩展度达到了 650mm,并且可以有效降低混凝土拌合物的黏度。当粉煤灰掺量为 0.1 时,UHPC 拌合物的强度最高达到了 105.8MPa。粉煤灰的填充效应和二次火山灰作用,减少了 UHPC 内部微裂纹,从而提高了混凝土后期强度。但当粉煤灰替代水泥的量超过一定值后,粉煤灰活性低和填充能力差的缺点又会带来不利影响,导致强度下降。综合考虑,粉煤灰掺量定为水泥掺量的 0.1。

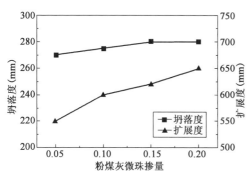

图 6.10　粉煤灰对 UHPC 工作性能的影响　　　图 6.11　粉煤灰对 UHPC 力学性能的影响

5）外加剂掺量

为了获得减水剂的最佳掺入量，对比研究了减水剂（固含量 20%）占胶凝材料掺量分别为 5%、6%、7%、8% 时对 UHPC 工作性能和力学性能的影响。不同外加剂掺量配合比见表 6.23，其对 UHPC 力学性能的影响如表 6.24 和图 6.12、图 6.13 所示。

不同外加剂掺量的 UHPC 配合比（单位：kg/m³）　　　表 6.23

编号	外加剂掺量	水泥	硅灰	石英砂	钢纤维	水	减水剂（固含量）
R17	5%	933	187	1120	157	201.6	56
R18	6%	933	187	1120	157	201.6	67.2
R19	7%	933	187	1120	157	201.6	78.4
R20	8%	933	187	1120	157	201.6	89.6

外加剂掺量对 UHPC 力学性能的影响　　　表 6.24

编号	外加剂掺量	工作性能		抗压强度（MPa）		
		坍落度（mm）	扩展度（mm）	3d	7d	28d
R17	5%	230	400	77.1	89.1	102.1
R18	6%	250	500	83.9	90.1	105.9
R19	7%	270	550	67.1	74.8	93.7
R20	8%	280	600	63.2	75.3	90.4

上述试验结果反映的是外加剂掺量对 UHPC 力学性能的影响。从试验结果可以看出，随着外加剂掺量的提高，UHPC 的工作性得到明显改善，但抗压强度小幅增大后逐渐降低。由于减水剂掺量的增加，使得体系内包裹的气体量增加，虽然流动性有所增加，但 UHPC 拌合物成型后的密实度将会降低，导致其强度降低。配制 UHPC 宜选用 6% 的减水剂掺量。

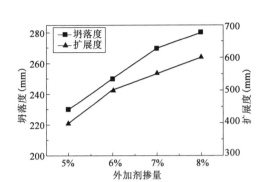
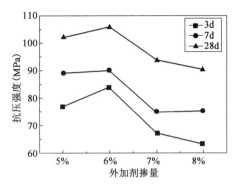

图 6.12　外加剂掺量对 UHPC 工作性能的影响　　　图 6.13　外加剂掺量对 UHPC 力学性能的影响

6）钢纤维掺量

混凝土是一种脆性材料,韧性较低,未掺钢纤维的 UHPC 也不例外。在制备 UHPC 的过程中,加入微细钢纤维可以有效地提高其韧性和延性,但会较大幅度地会降低混凝土拌合物的流动性,增加拌合物的黏性。为获得制备 UHPC 的合适钢纤维掺量,选择体积掺量分别为 0、1%、2%、3% 的微细钢纤维进行研究。不同钢纤维掺量配合比见表 6.25,其对 UHPC 力学性能的影响如表 6.26 和图 6.14、图 6.15 所示。

不同钢纤维掺量的 UHPC 配合比（单位:kg/m³）　　表 6.25

编号	钢纤维掺量	水泥	硅灰	石英砂	钢纤维	水	减水剂（固含量）
R21	0	933	187	1120	0	201.6	13.4
R22	1%	933	187	1120	78.5	201.6	13.4
R23	2%	933	187	1120	157	201.6	13.4
R24	3%	933	187	1120	235.5	201.6	13.4

钢纤维掺量对 UHPC 力学性能的影响　　表 6.26

编号	钢纤维掺量	工 作 性 能		抗压强度（MPa）			28d 抗折强度（MPa）
		坍落度（mm）	扩展度（mm）	3d	7d	28d	
R21	0	280	660	54.7	62.5	80.1	15.2
R22	1%	260	610	65.1	77.8	96.6	22.4
R23	2%	250	500	66.4	85.5	106.6	25.6
R24	3%	240	460	69.4	84.0	107.5	27.6

上述试验结果反映的是钢纤维掺量对 UHPC 工作性能和力学性能的影响。从试验结果可以看出,随着钢纤维掺量的提高,UHPC 的工作性能逐渐变差,坍落度和扩展度都

大幅降低,且混凝土黏性变大。混凝土抗压强度和抗折强度都逐渐增大,最大抗压强度达到了107.5MPa,最大抗折强度达到了27.5MPa。加入微细钢纤维可以提高UHPC韧性,改善其脆性缺陷,还可以提高其抗压、抗折强度。但钢纤维掺量过大不仅成本较高,而且造成混凝土工作性能不良。综合考虑混凝土工作性能、强度、经济等因素,UHPC采用2%的钢纤维体积掺量。

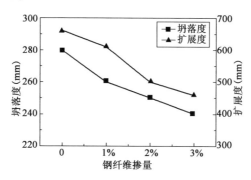

图6.14 钢纤维掺量对UHPC工作性能影响

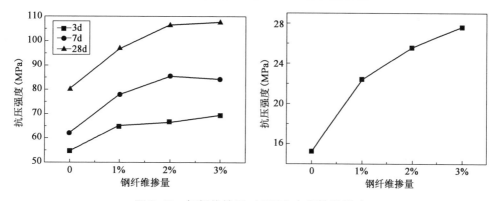

图6.15 钢纤维掺量对UHPC力学性能影响

综合以上研究,可得到最佳高性能UHPC配合比,见表6.27。

最佳高性能 UHPC 配合比　　　　　　　　　　表6.27

水泥	粉煤灰	硅灰	胶砂比	水胶比	减水剂	钢纤维体积掺量
1	0.1	0.2	1.0	0.18	0.06	2%

6.2.3 早强高韧性连接材料的试验研究

1）早强高韧性连接材料在预制桥面板接缝中的试验

早强高韧性连接材料在预制桥面板接缝中的应用很少,为了验证采用UHPC材料来减小现浇量、简化连接工艺的可行性,开展了3组桥面板模型静力试验,对比研究了钢筋连续整体现浇桥面板、UHPC-U形钢筋搭接接缝及常规混凝土-U形钢筋搭接接缝的受力性能及抗裂性能。

(1)试件设计及制作

共对3组试件进行了静力加载试验,试件分别为混凝土整板试件、UHPC-U形钢筋搭接接缝、混凝土-U形钢筋搭接接缝,并依次编号为JF-1、JF-2和JF-3。为体现工程应用中接缝的真实受力情况,试件基本尺寸按照实桥常规尺寸1∶1设计,考虑试验室加载条件,桥面板宽度取值0.5m,各试件参数见表6.28。

试 件 参 数 表　　　　　表6.28

试件编号	试件尺寸 (长×宽×厚,m)	配筋率	湿接缝长度 (m)	湿接缝材料
JF-1	3×0.5×0.25	1.9%	0	—
JF-2	3×0.5×0.25	1.9%	0.3	UHPC
JF-3	3×0.5×0.25	1.9%	0.6	普通混凝土

试件采用的钢筋材料相同,除接缝处材料不同外,主体结构混凝土材料均相同,试件尺寸布置如图6.16所示。

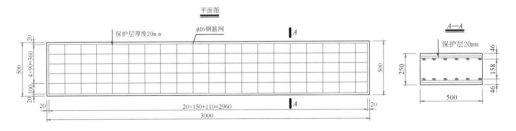

a)JF-1试件尺寸布置图

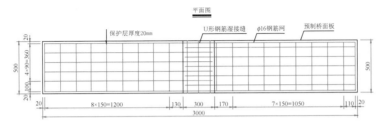

b)JF-2试件尺寸布置图

图 6.16

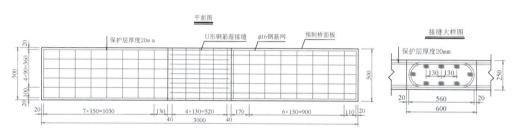

c) JF-3 试件尺寸布置图

图 6.16　试件尺寸布置图(尺寸单位:mm)

(2)试件加载

3 组试验的加载方式相同,加载系统如图 6.17 所示。加载设备为 1 个 1000kN 的液压伺服千斤顶、1 个分配梁;分配梁加载点间距为 0.8m,即试件跨中纯弯段为 0.8m,两侧剪跨区也为 0.8m。

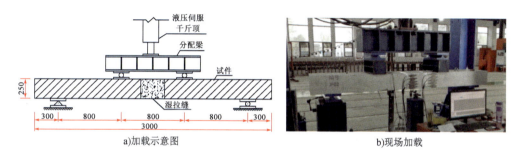

a)加载示意图　　　　　　　　　b)现场加载

图 6.17　加载系统(尺寸单位:mm)

加载程序为:①首先按预估开裂荷载的 40% 反复加载,进行预载;②以 10kN 的荷载步长加载至预估开裂荷载的 80%;③将荷载步长减小至 5kN,直至试件开裂;④开裂后以 10kN 的荷载步长继续加载寻找 0.05mm、0.1mm、0.15mm、0.2mm 四个特征裂缝;⑤裂缝宽度超过 0.2mm 后将荷载步长增加至 10kN,当钢筋临近屈服时,减小荷载步,加载直至构件破坏;⑥缓慢卸载。

(3)试验结果及分析

3 组试件的破坏过程及最终破坏形态基本相同。在加载初期,试件下缘受拉,当荷载值增加到一定值后桥面板出现裂缝。随着荷载的继续增加,主裂缝宽度和裂缝条数不断增加。剪跨区的斜裂缝中的某一条发展成为临界斜裂缝,临界斜裂缝向加载点缓慢发展。最终,支点至加载点之间的斜裂缝突然快速发展、贯通桥面板,整块桥面板突然破坏,试件破坏均属于剪切破坏。从试件的破坏形态和部位可以看出,U 形钢筋搭接接缝有着与混凝土整板相同的承载力,即接缝处有着与连续钢筋整板相同的强度。试件裂缝分布如图 6.18 所示。

a) 试件最终破坏时裂缝分布

b) 左侧支点处裂缝

c) 右侧支点处裂缝

图 6.18 裂缝分布

从试件位移曲线(图 6.19)可以看出,位移曲线大致可以分为 4 个阶段:弹性阶段、弹塑性阶段、裂缝发展阶段和屈服阶段。弹性阶段荷载位移曲线基本呈直线,抗弯惯性矩由开裂的混凝土和受弯钢筋提供;随着荷载增加,荷载位移曲线进入弹塑性阶段,微裂缝逐渐产生;荷载继续增加,构件加载点与纯弯段逐渐出现裂缝,构件抗弯刚度下降,进入裂缝发展阶段;裂缝发展到一定程度,钢筋开始屈服,构件进入了屈服阶段,由于斜截面出现较大主裂缝,构件受弯破坏。

不同接缝形式桥面板在弹性阶段、弹塑性阶段和裂缝发展阶段的抗弯刚度基本一致,说明采用 30cm UHPC 湿接缝方案对于桥面板的抗弯刚度影响较小,可以达到常规 60cm 湿接缝宽度桥面板和整体板抗弯刚度的效果。

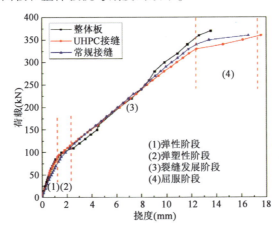

图 6.19 试件位移曲线

试验过程中记录了荷载作用下不同接缝方案的主裂缝宽度以及对应荷载,如图6.20所示。由图可见,随着荷载的增加,裂缝宽度逐渐缓慢增加,不同接缝形式与整体板裂缝宽度的增加趋势是相近的。但是由于湿接缝的存在,JF-2、JF-3 试件均在40kN 左右就出现了裂缝(接缝界面处),而整体桥面板在荷载到70kN 时才出现裂缝,说明接缝界面是桥面板抗裂薄弱处。当主裂缝宽度达到0.15mm 后时,3 个试件加载力基本相同,这说明从控制裂缝宽度发展来看,三者的抗裂性能相近。

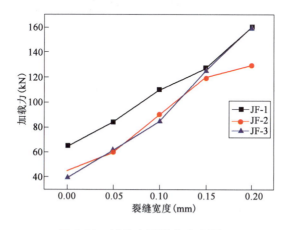

图6.20 试件主裂缝宽度发展图

试验表明,30cm 宽 UHPC 湿接缝与 U 形钢筋搭接这种组合连接构造,和钢筋连续的整体面板具备同等的强度、刚度及抗裂性能。在预制桥面板接缝中采用 UHPC 湿接缝的形式,可以减少预制桥面板间的接缝现浇量,从而提升接缝的连接效率,待相关理论及研究成熟,可以在装配式组合结构桥梁中推广使用。

2)早强高韧性连接材料对一体化工艺的影响

目前,在钢混组合结构桥梁湿接缝中,常规环形钢筋搭接缝宽度为 45～60cm,不仅现浇量大,而且等强时间慢。如在预制桥面板接缝中采用早强高韧性连接材料,将在一定程度上减小接缝宽度,从而减少接缝现浇总量,极大提升接缝的连接效率,同时也能节省工期,促进装配化组合梁桥一体化建造的推广。

6.2.4 UHPC 连接材料的工程应用

湖南益阳青龙洲大桥主桥为 60m + 110m + 260m + 110m + 60m 双塔五跨自锚式悬索桥,加劲梁采用双边箱钢-UHPC 组合梁结构,主梁由主纵梁、中横梁、箱型横梁、小纵梁、超高性能混凝土(UHPC)桥面板组成双主梁梁格体系,组合梁全宽36.5m,由风嘴、人行道、吊索区、边护栏、行车道和中央分隔带组成,标准横断面如图6.21所示。

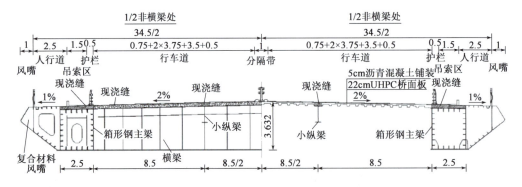

图6.21　钢-UHPC组合梁标准横断面(尺寸单位:m)

UHPC桥面板分为预制板、纵向湿接缝、横向湿接缝三部分。桥面板为华夫板结构形式,由120mm纵肋与横肋所形成的网格和100mm厚面板组成,桥面板总厚度220mm,典型位置处纵、横向湿接缝宽度均为0.5m。预制桥面板采用肋板结构形式,纵横向接缝为矩形实心断面。单个梁段横向分为3块预制板,每个横梁之间布置一块预制板,每道横梁上翼缘板处设横向湿接缝,纵向湿接缝布置在两侧主纵梁顶板和小纵梁上翼缘板上。桥面板及接缝均采用UHPC材料,如图6.22、图6.23所示。

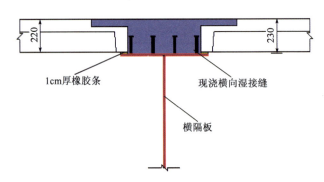

图6.22　桥面板横向湿接缝示意图(尺寸单位:mm)

通过与采用常规钢混组合梁工程量对比,采用钢-UHPC组合梁时,桥面板的自重大幅降低,比普通混凝土桥面板减少32%。普通混凝土桥面板自重占组合梁一期恒载的比例为60%,采用UHPC桥面板可使占比下降至51%。UHPC桥面板自重的大幅降低,使得加劲梁钢结构、主缆与吊索以及基础、桥塔等主要结构工程材料用量均有所减少,减少幅度为8.3%~15.5%,工程量占优。

通过与采用常规钢混组合梁成本对比,由于UHPC材料单价显著高于普通混凝土单价(416%),虽然材料用量可以减少32%,但桥面板分部工程造价仍然增加3581万元,增幅为163%,桥面板占主要建造费用比例由6.6%增加至16.9%。由于工程量的减少,加劲梁钢结构、主缆与吊索以及基础、桥塔分部工程合计可以降低工程造价2747万元,降幅为8.9%。钢-UHPC组合梁方案,主要分部工程造价为34319万元,比钢混组合梁方案增加659万元(增幅为2.0%)。但UHPC结构耐久性设计年限可达200年,考虑全寿命周期,UHPC桥面板结构性能优势及维护优势明显,更具经济性。

图6.23 青龙洲大桥UHPC桥面板安装与湿接缝连接

综上,采用UHPC混凝土桥面板作为结构预制桥面板和湿接缝材料,能提高结构的工作性能,从桥梁的全寿命周期角度看,其更具有经济性。

第 7 章
CHAPTER 7

总结与展望

7.1　总结

装配式组合梁桥一体化建造技术是以设计标准化、产品模数化、预制工厂化、现场装配化为特征的现代桥梁全产业链创新体系,是工业化技术与传统建筑行业不断融合的结果。采用装配式组合梁桥一体化建造技术在低碳、环保、社会及环境影响、快速施工等方面具有较大的优势,但在创新技术的发展与技术应用方面仍存在一定的瓶颈。

1）智能化设计程度较低

装配式组合梁桥一体化建造技术中,设计仍采用传统的设计模式,效率和自动化程度均较低。国内在桥梁智能设计方面,从智能化设计技术框架的搭建,到桥梁数据库的构建工作,再到由智能设计方案参数驱动的桥梁 BIM 正向设计,基本处于起步阶段,亟待研究突破。

2）预制构件的连接及检测技术需进一步研究

装配式构件的连接形式多种多样,但目前应用的连接接头在连接工效、抗震性能、成本投入、可操作性等方面难以协调,经济、实用的新型连接接头仍需研究;在连接质量的检测手段方面,各类无损检测手段层出不穷,但都未能取得行业整体认可,可靠的检测手段亟待开发。

3）预制安装的工业化程度有待进一步提升

工厂化预制是装配式构件的典型特征之一,但目前大部分工厂化预制只是将施工现场搬运至厂房内,劳动力需求大,资源、质量控制难的问题仍然存在;预制构件现场安装也存在着工效低、安装精度低、仍需大量人工辅助的问题,亟须通过工业化、数字化、智能化技术实现产业转型升级。

4）装配式基础应用受限

装配式技术在基础结构的应用主要体现在 PHC 管桩,但 PHC 管桩目前在桥梁领域应用规模较小,主要制约因素为:预制安装工艺、设备难以支撑大直径 PHC 管桩的应用;受限于沉桩工艺与装备,PHC 管桩对地质条件的适应性较差。为此,装配式基础在结构、工艺、装备各方面还需进一步研究。

7.2 发展展望

本书从装配式组合结构桥梁上部结构标准化设计、墩柱设计、一体化架设安装工艺及高性能连接材料等方面进行了一些探索,装配式组合梁桥一体化建造技术不仅能很好地控制工程质量,而且能加快施工速度、减少环境污染,具有广阔的应用前景。展望装配式组合梁桥一体化建造技术的发展,可以从以下几个方面进一步深入研究:

1)智能化设计

传统设计模式存在一定的缺陷,如能采用智能化设计将桥梁设计技术与通过大数据、云计算、机器训练、人工智能、BIM技术等新一代智能信息技术相融合,形成智能化设计理论与体系,可以实现针对目标建设条件,提出在交通需求、结构体系、耐久性、全寿命周期成本等方面最为合理桥梁设计方案,极大提高设计效率,具有较好的发展前景。

2)预制构件的连接工艺和节点性能的研发

目前,国内预制装配式桥梁上部结构采用装配化施工,下部盖梁与墩柱的连接、墩柱节段间连接以及墩柱与承台间的连接多采用灌浆套筒连接、灌浆波纹钢管(金属波纹管)连接、普通混凝土湿接缝连接、超高性能混凝土(UHPC)连接、预应力钢筋连接、插槽式连接、承插式连接等连接方式,这些连接方式虽然已得到一定应用,但在施工中仍会出现一定的问题,如存在预应力的断筋、注浆或灌浆不均匀等。因此,研发连接快捷、性能优异的新型连接方式,将加快全预制装配式桥梁的发展。

3)新型高性能材料的应用

高性能材料是提高结构性能的重要途径。轻质高强连接材料在装配式组合梁桥一体化建造中能充分发挥材料的特性,极大提升接缝的连接效率,增强结构整体性能。目前应用于装配式组合结构桥梁的新材料主要有超高性能混凝土、纤维增强复合材料、形状记忆合金等。将轻质高强材料大规模地应用于主要的结构构件,如桥面板、墩柱等构件,将极大地减小结构的几何尺寸,实现结构整体轻型化。

4）钢筋部品工业化生产

装配式桥梁钢筋骨架多采用胎架人工绑扎,成型工效低,人工投入量大,成为预制构件生产环节中粗放的一环,推进钢筋部品工业化生产是产业升级的关键点。

5）预制构件智能流水化生产

目前国内外已有桥梁预制构件(如桥面板、盖梁、墩柱等)开始使用工厂流水化生产,但存在着人为因素干扰大、质量检测效率低等问题。集成混凝土智能振捣、养护的新型智能化流水线及智能化生产管理平台是实现预制构件提质增效的重要发展方向。

6）新型装备的研发

预制装配式上部结构常用设备主要是架桥机、架梁吊机。对于预制盖梁、承台等则需另外投入施工机械设备进行施工。本书讨论的一体化架设装备虽能实现小跨径墩柱一体化架设,但应用还具有一定的局限性。在一体化架桥机的基础上研发适用于所有构件、适应不同墩高、用于小曲率半径的架桥机,以提高施工效率,仍具有较大意义。

进入新世纪,以物联网、大数据、云计算、人工智能为代表的新一代信息技术,正在催生新一代的产业变革,欧美国家、日本等将信息技术与建造技术的融合上升到了战略高度。为应对新一轮科技革命和产业变革,我国于2015年提出了《中国制造2025》战略发展规划,并成为我国实施制造强国战略第一个十年的行动纲领。该规划立足我国转变经济发展方式实际需要,围绕创新驱动、智能转型、强化基础、绿色发展、人才为本等关键环节,提出了加快制造业转型升级、提质增效的重大战略任务和重大政策举措。智能化、数字化技术与建造技术的融合成为各国积极抢占的技术高地,也将成为装配式组合桥梁产业升级的必由之路。

参考文献

[1] 习近平.在第七十五届联合国大会一般性辩论上的讲话[R].新华网,2020.

[2] 邵长宇.梁式组合结构桥梁[M].北京:中国建筑工业出版社,2015.

[3] 聂建国.钢—混凝土组合结构桥梁[M].北京:人民交通出版社,2011.

[4] 孙涛.钢混组合梁桥的设计要点和方法[J].城市道桥与防洪,2017(4):67-69.

[5] 朱聘儒.钢—混组合梁设计原理[M].北京:中国建筑工业出版社,2006.

[6] 李成君,周志祥,苏慈,等.预制装配式组合剪刀钉试验研究[J].桥梁建设,2015,45(05):60-64.

[7] 石雪飞,马海英,刘琛.双工字钢组合梁桥钢梁设计参数敏感性分析与优化[J].同济大学学报,2018(4):444-451.

[8] 苏庆田,胡一鸣,徐晨,等.整体预制钢—混凝土组合梁桥合理结构研究[J].建筑钢结构进展,2020,22(02):93-100.

[9] 李立峰,程子涵,冯威,等.不等横向联结系对钢—混组合梁桥荷载横向分布的影响研究[J].铁道科学与工程学报 2020,17(11):2832-2839.

[10] 刘钊,邢渊,贺志启,等.槽形钢梁-预制混凝土桥面板组合箱梁设计研究[J].桥梁建设,2016,46(06):35-39.

[11] 马增.新型装配式钢—混组合箱梁桥结构设计与试验研究[D].南京:东南大学,2015.

[12] 陈卫全.钢—混组合梁桥预制桥面板连接构造研究[D].西安:长安大学,2018.

[13] 王莉莉.钢—混组合桥梁预制桥面板湿接缝构造及传力研究[D].西安:长安大学,2017.

[14] 戴昌源,苏庆田.钢—混凝土组合桥面板负弯矩区裂缝宽度计算[J].同济大学学报,2017,45(6):806-813.

[15] 徐艳,曾增,葛继平,等.承插式预制拼装桥墩的最小合理承插深度[J].同济大学学报,2019,47(12):1706-1711.

[16] 王志刚,孙贵清,余顺新,等.公路桥梁装配式桥墩工业化快速建造技术[J].公路,2021(6):145-150.

[17] Culmo M P. Accelerated Bridge Construction-Experience in Design, Fabrication and Erection of Prefabricated Bridge Elements and Systems [R]. FHWA-HIF-12-013,2011.

[18] Accelerated Bridge Construction Manual [R]. Federal Highway Administration,2011.

[19] Mohiuddin Ali Khan. Accelerated Bridge Construction [R]. Butterworth-Heinemann, 2014.

[20] 刘永健,高诣民,周绪红,等.中小跨径钢—混凝土组合梁桥技术经济性分析[J].中国公路学报,2017,30(03):1-13.

[21] Sameh S Badie, Maher K Tadros, Rachel M Miller Usdan. Full-Depth Precast Concrete Bridge Deck Panel Systems [J]. Concrete International,2009,4.

[22] 邓舒文,邵旭东,晏班夫,等.全预制快速架设钢-UHPC轻型组合城市桥梁[J].中国公路学报,2017,30(03):159-166.

[23] 朱玉,丁德豪.预制混凝土梁湿接缝环形钢筋搭接长度研究[J].公路,2015(12):89-93.

[24] 贺志启.混凝土桥梁D区的力流传递机制及参数化设计理论[D].南京:东南大学,2013.

[25] 苏庆田,胡一鸣,田乐,等.用于组合梁桥面板湿接缝的弧形钢筋连接构造[J].中国公路学报,2017,30(09):86-92.

[26] 田飞.钢-预制混凝土板组合连续梁桥的结构性能与试验研究[D].南京:东南大学,2016.

[27] Matthew K Swenty. The Investigation of Transverse Joints and Grouts on Full Depth Concrete Bridge Deck Panels [D]. Blacksburg:Virginia Polytechnic Institute and State University,2009.

[28] 贺耀北,邵旭东,张欣,等.钢-UHPC组合梁自锚式悬索桥力学性能与经济性分析[J].中国公路学报,2021,51(01):51-57.